MORE
H
A
S TO
C
HIP COUNCIL - MEANING
STAINABLE SOURCES
FUERT
HOTA HOTA
EL ENMASCAR PLATA
KATERIN
JUAN
ANDRÉ
ROLAN
EA MANCOLOR
TASTE OF
XICO'S
MARKE
COMES TO
THE
SOUTH
EAST'S
MARK
PLAC
TY MORE
ISH
SCOURED SEVEN SEAS
FISHERMEN WHO
CATCH TASTIEST FISH
SUSTAINABLE METHODS.
WILL ALWAYS PLENTY
EL DECISIVO ÚLTIMO
THE ULTIMATE DECISION
"SHARE"
TONGUE
TINGLINGLY
TANGY
VS
MIND
BLOWINGLY
TASTY
"SELFISH"

Cantina Mexicana

Originelle Rezepte für zu Hause

THOMASINA MIERS

Cantina Mexicana

Originelle Rezepte für zu Hause

DK

Für die deutsche Ausgabe:
Programmleitung Monika Schlitzer
Projektbetreuung Hannah Schrott, Sarah Fischer
Herstellungsleitung Dorothee Whittaker
Herstellungskoordination Arnika Marx
Herstellung Christine Rühmer

Titel der englischen Originalausgabe:
Wahaca – Mexican food at home
Der Originaltitel erschien 2012 in Großbritannien bei
Hodder & Stoughton, ein Unternehmen von Hachette UK

Übersetzung Brigitte Rüßmann, Wolfgang Beuchelt (Scriptorium Köln)
Lektorat Carmen Söntgerath

ISBN 978-3-8310-2776-7

Druck und Bindung: L.E.G.O S.p.A., Italien

Besuchen Sie uns im Internet
www.dorlingkindersley.de

Hinweis
Die Informationen und Ratschläge in diesem Buch sind von den Autoren und vom Verlag sorgfältig erwogen und geprüft, dennoch kann eine Garantie nicht übernommen werden. Eine Haftung der Autoren bzw. des Verlags und seiner Beauftragten für Personen-, Sach- und Vermögensschäden ist ausgeschlossen.

Thomasina Miers kam mit 18 nach Mexiko und war so von dem Land und seiner Küche begeistert, dass sie unbedingt dort leben wollte. Sie führte eine Cocktailbar in der Hauptstadt, lernte in ihrer Freizeit das Land kennen und arbeitete mit einigen der besten einheimischen Köche. Zurück in Großbritannien, gewann sie 2005 bei der BBC2-Sendung *MasterChef* und kochte sechs Monate an der Seite von Skye Gyngell in den Petersham Nurseries in Richmond.

Kurz danach eröffnete Thomasina gemeinsam mit Mark Selby in London ihre erste mexikanische Cantina *Wahaca*, die prompt den Best Cheap Eats Award des *Observer Food Monthly* gewann. Das *Wahaca* wird auf der Cool-Brands-Liste geführt und gilt als bestes mexikanisches Restaurant in der britischen Hauptstadt. Filialen finden sich inzwischen nicht nur dort, etwa in Canary Wharf, Covent Garden, Soho und White City, sondern im ganzen Südosten Großbritanniens, unter anderem in Bluewater und Stratford.

Thomasina ist Mitherausgeberin von *Soup Kitchen*, Autorin von *Mexikanisch kochen ganz einfach*, *Cook* und *The Wild Gourmets*. Sie lebt mit Ehemann und Tochter in London.

Inhalt

Von Mexiko ...

Als ich mit 18 nach Mexiko kam, verliebte ich mich Hals über Kopf in das Land und seine Küche. Ich war total begeistert. Alles pulsierte hier vor Lebensfreude und Energie und die Küche übertraf meine Erwartungen bei Weitem. Der Inbegriff mexikanischen Essens war für mich bis dahin Texmex und Tequila einfach nur billiger Fusel.

Ich entdeckte eine Welt voller Farben und Aromen: 200 Chilisorten, Hunderte Maisarten, exotische Früchte, Wildkräuter und Gemüse, deren Namen ich noch nicht einmal aussprechen konnte. Ich lernte, dass viele mir bekannte Zutaten ursprünglich aus Mexiko stammen: Avocados, Bohnen, Tomaten, Kürbisse, Zucchini, Kakao und sogar Vanille, die im Regenwald von Veracruz gedeiht. Ich fand das alles unfassbar romantisch. Die Küche war so regional unterschiedlich wie die indische, so vielfältig wie die chinesische und so frisch wie die italienische. Hier begeisterten sich Menschen aller Schichten für gutes Essen. Als ich wieder nach Hause kam, konnte ich es kaum erwarten, dass endlich jemand in London ein echt mexikanisches Restaurant aufmachte.

Neun Jahre später gab es in Portobello einen mexikanischen Imbiss, der authentische Speisen anbot, und ein paar Bars mit gutem Tequila. Das war es dann aber auch schon. Bevor ich alles vergessen konnte, ging ich zurück nach Mexiko und nahm eine Stelle als Geschäftsführerin in einer Cocktailbar in Mexiko-Stadt an, wild entschlossen, die Geheimnisse von Land und Küche zu ergründen. In meiner Freizeit reiste ich viel herum. Ich lernte, wie die Mexikaner mit einigen einfachen Zutaten, Gewürzen und Kräutern wie Nelken, Zimt, Koriander und Oregano, komplexe Geschmacksebenen komponierten, und ich entschlüsselte die Geheimnisse von Moles (Saucen) und langsam gegartem Fleisch. Ich entdeckte leckere regionale Variationen und unglaubliche lokale Zutaten. Als ich nach fast einem Jahr wieder nach Hause kam, wollte ich mit diesem Wissen unbedingt etwas anfangen.

Das Problem war nur, dass ich mehr Enthusiasmus als Geld hatte. Aber dann machte ich bei der Fernsehsendung *MasterChef* mit (und gewann!), bekam einen Job im Restaurant der Petersham Nurseries und lernte kurz darauf über eine gemeinsame Freundin Mark Selby kennen (danke, Georgie Cleeve!). Mark ist ein Energiebündel und hat nach seinem Studium im Bankgeschäft gearbeitet, wo er bei der Arbeit mit Gastronomen, Unternehmern und Kaufleuten gelernt hat, was über Erfolg und Misserfolg eines kleinen Unternehmens entscheiden kann. Er ist

... nach London

intelligent, detailversessen und leidenschaftlich, aber das Beste ist, dass er sich genauso für Mexiko begeistert wie ich. Er hat für einige Zeit das Land bereist und liebt so wie ich die mexikanische Küche über alles. Außerdem hatte auch er schon lange vor, ein Restaurant zu eröffnen.

Wir reisten zusammen nach Mexiko, um unsere Möglichkeiten auszuloten, und sahen uns in Cantinas, Imbissbuden und auf Märkten um. Wir haben noch nie im Leben so viel gegessen! In diesen zehn Tagen gab es jeden Morgen mehrmals Frühstück, gefolgt von ein paar Mittagessen und gelegentlich sogar noch einem Abendessen. Wir ruhten keine Sekunde, um alle Punkte auf unserer Checkliste abzuhaken. Wo wir auch hinkamen, sorgte die großzügige Gastfreundschaft der Mexikaner dafür, dass wir von Köchen und Gastronomen mehr als reichlich mit Essen versorgt wurden. Abends brachen wir dann völlig erschöpft zusammen, absolut überfüllt und überwältigt von den vielen verschiedenen Speisen, Orten und Menschen, die wir kennengelernt hatten. Aber wir wussten, dass wir auf dem richtigen Weg waren. Wenn diese unglaubliche Küche uns so begeisterte, dann konnte es doch unseren Landsleuten zu Hause in Großbritannien nicht anders gehen, oder?

Uns war klar, dass wir einige Zutaten zu Hause nicht bekommen würden. Auch die Zusammenstellung einer Speisekarte erschien schwierig, weil es so viele Kochstile gibt, von den Rezepten ganz zu schweigen. Wir waren uns einig, dass unsere Rezepte zwar aus ganz Mexiko kommen sollten, dass unsere Hauptinspirationen aber die Märkte von Oaxaca (Wa-ha-ca) bildeten und die Art, wie die Händler ihren Markt gemeinsam zu einem

Erlebnis machten. Wir waren von der Spontaneität begeistert, mit der frische Zutaten auf der Straße vor unseren Augen zu unfassbar leckerem Essen verarbeitet wurden. Besonders liebenswert fanden wir die Einstellung zum Essen: Die Menschen legten Wert darauf, ihre Mahlzeiten in Gesellschaft einzunehmen, und betrachteten das Essen als den wichtigsten Teil des Tages. Und trotzdem war es niemals teuer. In Mexiko bekommt man gutes Essen an jeder Straßenecke, deshalb sollte auch unser Angebot erschwinglich sein. Außerdem wollten wir das Leckere mit dem Gesunden verbinden und unseren Gästen eine durch und durch ausgewogene Ernährung ermöglichen. Unsere Maistortillas sind glutenfrei und unsere schwarzen Bohnen stecken voller komplexer Kohlenhydrate und Eiweiß. Wir bereiten unsere Tostadas, Guacamole, Taquitos, Quesadillas und Salate jeden Tag frisch zu.

Es dauerte ein Jahr, bis wir unser erstes Restaurant in Covent Garden gefunden hatten, ein Jahr, bis die Speisekarte stand, und mehr als sechs Monate, bis wir uns auf einen Namen geeinigt hatten. Wir besprachen unsere Vision mit Architekten und

Innenausstattern. Wir wollten etwas Modernes, Frisches und ganz Neues, damit die Gäste gleich sehen, worum es uns geht und dass wir uns deutlich von den Restaurants unterscheiden, die nichts anderes als Bohnen in allen Varianten auf der Karte haben.

Die nahende Eröffnung bereitete uns schlaflose Nächte (unser Restaurant-Team war im Schnitt um die 25 Jahre alt und ich gehörte mit meinen 31 schon zu den erfahrenen Veteranen). Wir eröffneten ohne Tamtam und schafften es, in der ersten Woche eine Laufkundschaft von einigen Hundert Gästen anzulocken. In der zweiten Woche kamen ein paar Hundert mehr, aber wir hatten 140 Plätze! Deshalb teilten wir einen großen Teil des Raums ab, um uns besser eingewöhnen zu können. Der Besuch eines Restaurantkritikers in Woche drei ließ uns vor Angst erstarren, aber sobald seine Kritik veröffentlicht war, standen die Menschen Schlange vor unserer Tür, und daran hat sich in den letzten fünf Jahren nichts geändert.

Im ersten Monat arbeiteten Mark und ich so irrsinnig viel, dass wir beide jeweils zwölf Pfund an Gewicht verloren und im Scherz planten, Hängematten aufzuhängen, um uns den Weg zur Arbeit zu ersparen. Statt zwei Kisten Avocados orderten wir jetzt fünfzehn pro Tag. Rezepte, die ich in meiner Küche entwickelt hatte, mussten nun für 400 Personen zubereitet werden. Fünf Jahre später haben wir mehrere Filialen und mehr Angestellte, aber es geht immer noch familiär zu. Wir feiern verrückte Partys zusammen, veranstalten wilde Gokart-Rennen und machen Betriebsausflüge in unsere spirituelle Heimat Mexiko. Wir versuchen, die Preise niedrig und die Qualität hoch zu halten. Wir möchten, dass jeder im *Wahaca* etwas von der Atmosphäre und dem vibrierenden Leben Mexikos spüren kann.

Hier finden Sie die Rezepte, die uns inspirieren. Wir hoffen, Sie lassen sich davon anregen, Gäste einzuladen und gemeinsam zu genießen. Es gibt verführerische Snacks, viele kleine Leckereien für den gemeinsamen Genuss, größere Gerichte, die man entweder von einem Teller isst oder als Füllung in Tortillas mit einer Salsa und anderen Zugaben nach Wunsch genießen kann. Diese gefüllten Tortillas sind der Inbegriff von mexikanischem Streetfood: fantastischer Geschmack und unkomplizierter Genuss. Und jetzt viel Spaß beim Kochen! Vielleicht kommen Sie ja hinterher irgendwann einmal bei uns vorbei und erzählen, wie es Ihnen geschmeckt hat.

Tommi xxx

Typisch mexikanische Zutaten

Im *Wahaca* geben wir uns alle Mühe, die Aromen Mexikos mit den Zutaten zu erzielen, die unsere heimische Landwirtschaft hergibt. Wir setzen auf Nachhaltigkeit, deshalb verwenden wir nur einheimisches Fleisch und achten bei Fisch und Meeresfrüchten auf nachhaltigen Fang. Wir kaufen unsere Zutaten nach Möglichkeit lokal ein, statt sie um die halbe Welt einfliegen zu lassen. Viele unserer heimischen Käse kommen den mexikanischen geschmacklich sehr nahe, sodass wir Lancashire statt *queso fresco*, Feta anstelle von *panela* und Parmesan oder gereiften Pecorino statt *queso añejo* verwenden können. Es wäre toll, Kräuter wie *hoja santa*, *hierba de conejo* und *chepil* zur Verfügung zu haben, aber es geht auch ohne, wenn man auf dem Markt gute Alternativen wie Estragon, Minze und Oregano finden kann. Eigentlich braucht man nur eine Handvoll authentische Zutaten, um unsere Rezepte nachzukochen. Also, ein paar Vorräte angeschafft, und los geht's mit der mexikanischen Küche!

Unverzichtbar:

Mexikanischer Oregano Wird getrocknet verkauft. Hat eine deutlich blumigere Note als normaler Oregano. Hält sich mindestens sechs Monate und ist unersetzlich.
Getrocknete Chilis Eine Handvoll Anchos, Chipotles, Chiles de Arbol oder Guajillos sollten Sie immer vorrätig haben, dann können Sie jederzeit ein mexikanisches Festmahl auf den Tisch zaubern.
Eingelegte Jalapeños Die Mexikaner lieben sauer Eingelegtes. Viele Gerichte brauchen einfach eine Dosis von diesen Chilis.
Tomatillos Kleine, grüne, saure Früchte. Mit viel Glück kann man sie im Sommer frisch bekommen, aber es gibt sie auch als Konserve zu kaufen. Sie sind für die Salsa verde (siehe Seite 200) unerlässlich.
Gewürze Kein mexikanischer Koch kommt ohne Zimt, Kreuzkümmel, Piment, Nelken und schwarzen Pfeffer aus, um seine Brühen und Saucen aufzupeppen.
Masa Harina Für dieses feine Maismehl werden die Körner zunächst mit Kalk in Wasser eingeweicht, dann von den Spelzen befreit, zerkleinert, schließlich getrocknet und fein gemahlen. Masa Harina ist die Grundlage für Maistortillas (siehe Seite 44) – Polenta oder Maisstärke sind kein Ersatz dafür. Sie finden das Spezialmehl in Bioläden oder im Reformhaus, natürlich ist es auch online erhältlich.
Zwiebeln, Knoblauch, Avocados, Tomaten, Limetten, frische grüne Chilischoten, Lorbeerblätter und Koriander Wenn Sie mexikanisch kochen wollen, kommen Sie ohne diese Zutaten einfach nicht aus.

Mexikanische Helferlein:

Altbackene Tortillas kann man zu frittierten Tortillachips oder knusprigen Croûtons für Salate und Suppen verarbeiten.
Chorizo Hier sind die rohen Paprikawürste gemeint, die man braten muss. Ich hebe das ausgelassene Fett immer in einem Keramikgefäß auf. Es hält sich mehrere Monate im Kühlschrank und gibt gebratenen Zwiebeln einen tollen Geschmack.
Tiefgekühlte Tortillas Ich habe für alle Fälle immer ein paar Tortillas im Tiefkühlfach. Auf diese Weise kann überraschender Besuch mich nie in Nöte bringen.
Öl Sie sollten immer ein paar Flaschen Sonnenblumenöl oder anders Pflanzenöl zum Frittieren auf Vorrat haben. Man kann es nach Gebrauch filtern und wiederverwenden.
Koriander ist ein guter Ersatz für Epazote, ein Kraut, das schon seit Jahrtausenden in der mexikanischen Küche verwendet wird. Nehmen Sie vom Koriander nur die Stängel und, falls vorhanden, auch die Wurzeln, die milder schmecken als die Blätter. Ich hacke sie fein und gebe sie an Suppen und Saucen.
Tiefgekühlte Chilis Chilischoten lassen sich gut einfrieren. Ich kaufe frische Scotch Bonnets, Jalapeños oder grüne Thai-Chilis, püriere sie im Mixer und friere sie in kleinen Plastikdosen ein.
Vanille In Form von Vanilleschoten oder als Vanilleessenz, die ganz leicht selbst herzustellen ist (siehe Seite 141).

GEWÜRZE

VANILLE

Chili-Know-how

Poblano (frisch)/Ancho (An-scho, getrocknet)
Eine Poblano sieht aus wie eine ganz gewöhnliche Paprikaschote, sie wird grün geerntet. Erst ausgereift und rot und nach der Ernte getrocknet wird sie zur Ancho. Rund und fruchtig im Geschmack und vergleichsweise wenig scharf, verleiht sie Marinaden, Salsas und Moles Süße und Tiefe.

Jalapeño (Ha-la-pehn-jo)
Diese grünen und feurigen Chilis schmecken frisch und pikant und können kurzfristig sehr scharf sein (das variiert aber von einer Schote zur anderen). Als Ersatz eignet sich jede grüne Chilischote oder auch kleine Vogelaugenchilis, wenn ordentlich Wumms erwünscht ist.

Pasilla (Pa-sih-ja)
Getrocknet wie die Ancho, aber etwas schärfer, mit krautig-trockenen Fruchtnoten und Untertönen von Tabak.

Habanero (Hah-bah-neh-ro)
Sie kommt von der Halbinsel Yucatán und war die erste mexikanische Chili mit geschützter Herkunftsbezeichnung. Sie ist der Scotch Bonnet in Aussehen und Geschmack zum Verwechseln ähnlich: Die kleinen Schoten erinnern an Physalisblüten und sind teuflisch scharf. Um eine ganze Habanero zu essen, muss man ganz schön mutig sein!

Chipotle (Tschih-pot-le)
Die geräucherte Jalapeño ist eine der beliebtesten Chilis in Mexiko. Sie hat einen betörend feurigen Geschmack, perfekt für Salsas und Mayonnaisen; die Grundlage für fantastische Chipotles en Adobo (siehe Seite 214).

Guajillo (Gwah-hih-joh)
Ebenfalls eine getrocknete Chilischote. Die ziegelrote, milde, leicht süße Guajillo passt perfekt zu Meeresfrüchten, kann aber auch einen Teller Nudeln zu einem Festmahl machen (siehe Seite 99).

Chile de Arbol
Betörend feurig. Die wörtliche Übersetzung lautet »Baum-Chili«, nach der Form der Pflanze. Für unsere Höllisch scharfen Chilinüsse (siehe Seite 173) rösten wir sie im Backofen mit Knoblauch und Erdnüssen. Als Ersatz eignen sich getrocknete italienische Peperoncini oder Chiliflocken.

FRÜHSTÜCKS-BURRITOS

Früh

stück

Ein mexikanisches Frühstück ist eine der tollsten Mahlzeiten der Welt. Eines der besten habe ich 2010 bei einer Hochzeit in Oaxaca bekommen. Wie es die Tradition verlangt, machte sich die Braut morgens um fünf zu ihrem Rundgang durch das Dorf auf, um bis Mitternacht auf den Beinen zu sein. Als Stärkung gab es süße Weckchen und heiße Schokolade für alle, gefolgt von einem Truthahn mit Mole poblano. Um neun Uhr hatten die Hochzeitsgäste schon alles restlos verputzt.

Meistens bin morgens in Eile und habe keine Zeit für eine ausgedehnte Mahlzeit, aber ein gesunder Guten-Morgen-Saft (siehe Seite 24) voller Geschmack und Vitamine ist schnell gemacht und geht immer. Die sonnengereiften Früchte in Südamerika sind etwas ganz Besonderes. Sie dürfen am Baum ausreifen und entwickeln so einen süßen, intensiven Geschmack, wie wir ihn von unserem heimischen Obst nicht kennen. Sie sind so aromatisch, dass ich ihnen nicht widerstehen kann! Zu Hause kaufe ich nur die saftigsten Papayas, Guaven, Mangos, Ananas, Wassermelonen oder Äpfel, die ich je nach Lust und Laune mit Möhren, Sellerie und Gurke in den Entsafter gebe. Die Kombinationsmöglichkeiten sind unbegrenzt – alles hängt davon ab, ob der Start in den Tag süß oder supergesund sein soll.

Wer morgens einen kleinen Koffein-Kick braucht, muss nicht unbedingt zu Espresso greifen. Auch eine Echt mexikanische heiße Schokolade (siehe Seite 23) taugt als Weckruf. Mit dunkler Schokolade, nicht zu viel Zucker sowie Wasser statt Milch zubereitet, schmeckt sie rund und gut. Nach unserer letzten Mexikoreise waren wir von der leichteren, gesünderen heißen Schokolade so begeistert, dass einer unserer Köche eine Kakaomühle bestellt hat, sodass wir jetzt in allen unseren Restaurants fantastische heiße Schokolade zubereiten können.

Die perfekte Begleitung zur Schokolade sind knusprige Blätterteigteilchen oder süße Weckchen. In Mexiko City bestreut man sie mit Zucker, würzt sie mit Anis und bäckt sie mit Banane oder dicker Sahne. Danach folgt frisches Obst, selbst gemachtes Müsli und Joghurt.

Und was wäre ein Frühstück ohne Eier? Die Mexikaner kennen unzählige Zubereitungsmethoden: als Rührei mit Chilis und gebratenen Zwiebeln, mit Kaktusfeigen oder Ameiseneiern, auf Hoja santa gebraten oder mit Oaxaca-Käse, auf Tortillas mit Chorizo, mit einem Püree aus schwarzen Bohnen. Dazu gehören ausnahmslos mindestens zwei frisch gemachte Salsas. Außerdem natürlich dampfend heiße Maistortillas zum Dippen oder Füllen und mit Epazote, Käse und Zucchiniblüten oder Pilzen gefüllte Quesadillas.

Angesichts dieser verlockenden Auswahl könnte man glatt den ganzen Tag lang frühstücken. Deshalb sind einige der klassischen Rezepte in diesem Kapitel auch genau dafür geeignet. Sonntags kommt man in Oaxaca zu einem entspannten Brunch zusammen (schließlich gibt es ja erst gegen drei oder vier Uhr Mittagessen). Auf dem Markt erwartet einen ebenfalls ein Fest der Genüsse: gegrillte Chorizo, Steaks und mit Chili mariniertes Schweinefleisch. Dazu gibt es Avocados oder Guacamole sowie Tomaten, Radieschen, gegrillte Frühlingszwiebeln und Limettenspalten, mehr Salsas, mehr heiße Schokolade, mehr Kaffee. Nach Stunden der genussvollen Völlerei (und vielleicht einem kalten Bier zum Nachspülen) möchte man eigentlich direkt wieder ins Bett gehen!

Im *Wahaca* setzen wir uns um elf Uhr zum gemeinsamen Frühstück hin und besprechen den anstehenden Tag. Da hat jeder seinen Lieblings-Energiespender, etwa einen Avocado-Milchshake oder auch Molletes (siehe Seite 25 beziehungsweise 36). Hier sind unsere Tipps für einen leckeren Start in den Tag – oder auch für jeden anderen Zeitpunkt, falls Ihnen der Sinn nicht nach Frühstück steht!

Echt mexikanische heiße Schokolade

Lange bevor Hernando Cortés (1485–1547) die Schokolade nach Europa brachte, brauten sich schon die Mixteken ein mit Gewürzen und Chili aromatisiertes Kakaogetränk mit heißem Wasser. In Oaxaca bekommt man so etwas heute noch serviert. Mit viel geröstetem und gemahlenem Kakao zubereitet, ist es eine gesunde (ja, wirklich!), cremige und verführerische Alternative zu Espresso. Schlecht gemacht dagegen eine wässrige, süße Schweinerei. Eine gute heiße Schokolade schätze ich als Start in den Tag oder wann immer ein kleiner Schokokick gebraucht wird. Dazu schmecken warme, süße Weckchen wie das Pain de Miers (siehe Seite 28) einfach himmlisch.

Ergibt 4–6 kleine Tassen
Zubereitung: 10 Minuten

20 blanchierte Mandeln
1 Stück Zimtstange (5 mm)
1 EL Zucker (am besten Vanillezucker)
100 g dunkle Schokolade (mindestens 70 % Kakaoanteil), geraspelt oder fein gehackt

Eine kleine Pfanne erhitzen. Mandeln und Zimt darin vorsichtig trocken rösten, bis die Mandeln rundum leicht gebräunt sind. Beides zusammen mit dem Zucker in eine Gewürzmühle (oder in den Mixer) geben und zu einem feinen Pulver zermahlen. Ein Drittel der Schokolade hinzugeben und mitmahlen.

Die restliche Schokolade in einen kleinen Topf geben, mit 450 ml Wasser und der Mandel-Schoko-Paste verrühren und bei schwacher Hitze schmelzen. Man kann sie dabei mit einem Schneebesen schaumig aufschlagen oder einfach nur gelegentlich umrühren. Die heiße Schokolade bis kurz vor dem Siedepunkt erhitzen, dann durch ein feines Sieb in Tassen abseihen. Sie ist sättigend, sodass man nicht viel davon braucht, und extrem lecker.

Guten-Morgen-Saft

Dieser leuchtend grüne Saft ist ein wahrer Energiespender. Er weckt die Lebensgeister, wenn man müde ist, und er hilft auch ganz gut gegen einen Kater – das perfekte Gegenmittel gegen diesen einen Tequila zu viel!

Sellerie, Gurke, Äpfel und Zitronensaft in den Mixer geben und fein pürieren, dann die Kräuter hinzugeben und erneut glatt mixen. Mit einem Entsafter geht das natürlich noch besser. Sofort trinken.

Für 3 Personen
Zubereitung: 10 Minuten

3 Selleriestangen, geputzt und grob gehackt
¼ Gurke, grob gehackt
4 süße Äpfel, geschält, entkernt und grob gehackt
Saft von ½ Zitrone
1 kleine Handvoll Minzeblätter
1 kleine Handvoll glatte Petersilie, grob gehackt

Papaya-Möhren-Limetten-Saft

Ach, der Geschmack des Sommers! Papaya und Möhren passen farblich und geschmacklich perfekt zusammen. Wenn Sie einen Entsafter haben, holen Sie ihn aus dem Schrank – wer diese Säfte einmal frisch genossen hat, will nichts anderes mehr. Was für ein Start in den Tag!

Die ersten vier Zutaten in den Mixer geben und fein pürieren. Apfelsaft oder -stücke hinzugeben und erneut mixen und abschmecken. Je nachdem, wie süß die Früchte sind, muss man mit etwas Honig oder Agavendicksaft nachsüßen. Sofort trinken.

Für 4 Personen
Zubereitung: 5–10 Minuten

2 Möhren, geschält und grob gehackt
1 Papaya, geschält, von den Samen befreit und grob gehackt
Saft von 3 Limetten
Saft von 2 Orangen
200 ml Apfelsaft oder 4 süße Äpfel, geschält, entkernt und grob gehackt
Agavendicksaft oder Honig (nach Belieben)

Avocado-Milchshake

Dieser mit supergesundem Agavendicksaft gesüßte Shake ist einfach spitze: süß, cremig und unglaublich grün. Die Bezeichnung »Avocado« leitet sich vom Nahuatl-Wort für Hoden ab, da den alten Azteken diese tolle Frucht als Fruchtbarkeitssymbol galt. Das sorgte in unserer Küche natürlich für Witzeleien, und Marcel, unser Barmann in Covent Garden, begann, diesen Shake jeden Morgen für unsere Jungs zuzubereiten, um ihnen Kraft für den Tag zu spenden.

Für 3–4 Personen
Zubereitung: 5 Minuten

3 Avocados
650 ml entrahmte Milch
140 ml Agavendicksaft
Saft von 2–3 Limetten

Die Avocados halbieren und das Fruchtfleisch in den Mixer auslösen. Die übrigen Zutaten hinzugeben und glatt mixen. Sofort trinken!

Einfache Horchata

Die mexikanische Horchata (Or-tschah-ta) ist ein erfrischendes Getränk mit Reismehl, Mandeln und Zimt. Sie schmeckt wie ein Milchshake, ist aber komplett laktosefrei und trotzdem sehr nahrhaft. Gibt man Haferflocken, Obst und Joghurt hinzu, spendet sie Energie für den ganzen Tag. Das Getränk hält sich einige Tage im Kühlschrank, lässt sich also auch gut für hektische Zeiten vorbereiten. Damit lösche ich meinen Durst an heißen Tagen und stille gleichzeitig den Hunger nach etwas Süßem.

Für 2 Personen
Zubereitung: 10 Minuten

8 ungeschälte Mandeln
2 gehäufte EL Haferflocken
gemahlener Zimt
1 mittelgroße Banane
2 EL Joghurt (nach Belieben)
300 ml Reis-, Mandel- oder Sojamilch
1–2 EL Agavendicksaft oder Honig

Zum Servieren:
frische Beeren (nach Belieben)

Mandeln und Haferflocken mit einer Prise Zimt in den Mixer geben und zu einem feinen Pulver zerkleinern. Banane, Joghurt und Milch hinzugeben und glatt mixen. Für eine dünnere Konsistenz etwas mehr Reismilch hinzugeben. Mit Agavendicksaft oder Honig süßen.

Zum Servieren Eiswürfel in zwei Gläser füllen und leicht mit Zimt bestäuben. Die Horchata darübergießen. Frische Beeren sind eine sehr schöne Garnitur.

SPEISE DER GÖTTER

Schokolade in Oaxaca

VON GAVIN, GENIALER KOCH & AUSBILDER

Am Rand des Marktes im Stadtzentrum von Oaxaca entdeckte ich eine winzige Schokoladen-Bar. Sie wirkte rührend altmodisch mit ihren geschnitzten Holzpaneelen, Statuen geheimnisvoller Götter und einem kleinen Beichtstuhl hinten in der Ecke, in dem sich die Kasse befand.

Eine Hälfte des Ladens sah aus wie eine kleine Fabrik, voller Säcke mit Kakaobohnen, Zimtstangen, gerösteten Mandeln und Zucker. Ein Mann stand unter einer Tafel, die drei Zubereitungen mit unterschiedlichen Mischungen dieser vier Zutaten anpries. Ich bestellte Variante eins. Die trockenen Rohstoffe wanderten in eine Mühle, die kurz darauf wie in einem Harry-Potter-Film auf magische Weise geschmolzene Schokolade ausspuckte. Nur noch heißes Wasser dazu, und meine mexikanische Trinkschokolade war fertig.

Kennen Sie das, wenn die Sonne im Hafen auf einem Ölfleck auf dem Wasser schillert? So sahen die Blasen auf dem Getränk aus und der Geschmack war unglaublich. Das unterschied sich von gekauftem Kakao wie frisch gemahlener Espresso von Instantkaffee. Es schmeckte wie ein flüssiger Regenbogen. Dieser echte Schokoladengeschmack – aromatisch, süß und bitter – haute mich einfach um.

Eine ganze Kultur nannte und nennt noch immer Schokolade eine Speise der Götter, und ich weiß jetzt auch, warum. Die Substanz kann süchtig machen und so mancher behauptet, davon sogar high zu werden. Und was soll ich sagen – es stimmt! Ich bin ihr auch verfallen!

Bananen-Schoko-Kuchen mit Pekannüssen

Ich finde diese Kombination aus süßem Rührteig, Bananen, geschmolzener dunkler Schokolade und gerösteten Nüssen einfach himmlisch, vor allem früh am Morgen, wenn ich Hunger habe. Man braucht schon die Willenskraft eines buddhistischen Mönchs, um nicht gleich den ganzen Kuchen zu verschlingen, wenn er warm und duftend aus dem Ofen kommt …

Für 6–8 Personen
Zubereitung: 1½ Stunden

125 g weiche Butter, plus Butter zum Einfetten
250 g Mehl, plus Mehl zum Bestäuben
120 ml fettarme Milch (oder Buttermilch)
1 TL Zitronensaft
150 g Pekannüsse
1 TL Natron
½ TL Zimt
einige Prisen Piment
200 g brauner Zucker
2 Eier, verquirlt
250 g reife Bananen (etwa 3 Stück), püriert
einige Tropfen Vanilleessenz (siehe Seite 141)
150 g dunkle Schokolade (mindestens 70 % Kakaoanteil), grob gehackt

TIPP: Sie benötigen 1 große oder 2 kleine Kastenformen.

Den Backofen auf 180 °C vorheizen. Die Kastenform(en) einfetten und bemehlen und den Boden mit Backpapier auslegen.

Die Milch mit dem Zitronensaft verrühren und beiseitestellen. Die Nüsse auf einem Backblech verteilen und im Ofen 5–8 Minuten leicht anrösten. Zum Abkühlen beiseitestellen.

Mehl, Natron, Zimt und Piment in eine Schüssel sieben. Die Butter mit der Hälfte des Zuckers in eine zweite Schüssel geben und hell und luftig aufschlagen. Nach und nach die Eier und löffelweise die Mehlmischung einarbeiten, dann den restlichen Zucker, die Bananen und die Vanilleessenz unterrühren. Nach und nach die Milch dazugeben. Die Nüsse grob hacken und mit der Schokolade unter den Teig ziehen.

Den Teig in die Form(en) füllen und etwa 50 Minuten backen. Der Kuchen ist fertig, wenn an einem hineingestochenen Metallspieß beim Herausziehen kein Teig mehr haftet. 10 Minuten in der Form abkühlen lassen, dann auf ein Kuchengitter setzen. Der Kuchen schmeckt noch leicht warm am allerbesten, hält sich aber auch ein paar Tage.

Pain de Miers

In Mexiko kann man auf den Märkten durch ganze Gassen mit Ständen schlendern, die nur süßes Brot und Gebäck verkaufen, das geradezu darum bettelt, in eine dampfende Schale heiße Schokolade oder frischen Kaffee getunkt zu werden. Dieses Rezept stammt von meinem Twitterfreund @Doughblogs. Auf meine Frage nach dem perfekten Anisweckchen entwickelte er das Pain de Miers, das ich nur noch geringfügig verändert habe. Der Vorteig mag ein bisschen kompliziert wirken, ist aber ganz einfach und macht die Weckchen schön weich. Am besten bäckt man sie gemütlich am Nachmittag und genießt den himmlischen Duft im Haus.

Ergibt 10–12 Weckchen
Zubereitung: 30 Minuten + etwa 3 Stunden Ruhezeit

Für den Vorteig:
30 g backstarkes Weizenmehl (Type 550)

150 ml fettarme Milch
65 ml heller Zuckerrübensirup
1 Sternanis, gemahlen
150 g Weizen-Vollkornmehl
230 g backstarkes Weizenmehl (Type 550)
100 g Weizenmehl (Type 405)
½ TL feines Meersalz
12 g frische Hefe
2 Eier, verquirlt
50 g weiche Butter

Für die Glasur:
60 g Puderzucker
Saft von ½ Orange (oder ½ TL Vanilleessenz; siehe Seite 141)

Zunächst den Vorteig zubereiten: Das Mehl mit 150 ml Wasser in einen beschichteten Topf geben und bei mittlerer Hitze einige Minuten mit einem Kochlöffel rühren, bis der Vorteig die Konsistenz von Kleister annimmt. Er soll nicht bräunen. Mit einem Spatel in eine Schüssel kratzen und mit Frischhaltefolie abgedeckt auf Zimmertemperatur abkühlen lassen.

In der Zwischenzeit die Milch mit dem Sirup und dem Anis in einen kleinen Topf geben und bis zum Köcheln erhitzen, um den Sirup aufzulösen. Sobald die Milch köchelt, die Mischung vom Herd nehmen und 30 Minuten stehen lassen.

Die Mehle und das Salz in einer Schüssel mischen und die Hefe mit den Fingern einarbeiten. In der Küchenmaschine mit der Hälfte des verquirlten Eis und dem Vorteig auf niedriger Stufe verkneten, dabei die Milchmischung und anschließend die Butter einarbeiten. Die Geschwindigkeit auf mittlere Drehzahl erhöhen und 5 Minuten weiterkneten. (Achtung: Manche Maschinen wandern dabei über den Tisch.) Die Geschwindigkeit für ein paar Minuten auf volle Leistung schalten, bis der Teig völlig glatt ist. Wer keine Küchenmaschine hat, muss den Teig von Hand 10 Minuten länger kneten, um das gleiche Resultat zu erzielen. Den Teig in eine Schüssel geben, mit Frischhaltefolie abdecken und an einem warmen Ort 90 Minuten aufgehen lassen, bis sich das Volumen verdoppelt hat …

Den fertigen Teig in zehn bis zwölf gleich große Stücke teilen, zu Kugeln rollen und dann mit der Hand leicht flach drücken. Sie sollen 3–4 cm groß sein. Die Teigstücke auf ein mit Backpapier ausgelegtes Backblech legen und jeweils fünf Schnitte von der Mitte zum Rand anbringen (siehe Zeichnungen). Mit Frischhaltefolie abdecken und 1 weitere Stunde auf doppelte Größe aufgehen lassen.

Den Backofen auf 200 °C vorheizen. Die aufgegangenen Weckchen mit dem restlichen Ei bestreichen und 15–20 Minuten backen, bis sie schön goldgelb sind.

Für die Glasur den Puderzucker bei schwacher Hitze mit 1–2 EL heißem Wasser zu einer Paste verrühren. Etwas Orangensaft (oder nach Belieben Vanilleessenz) einrühren, bis die Glasur dünnflüssig genug ist, um die Weckchen damit zu bestreichen.

Die Weckchen aus dem Ofen nehmen und auf einem Kuchengitter abkühlen lassen, so lange wie Sie sich beherrschen können. Mit der Glasur bestreichen und am besten mit einer Schale mexikanischer heißer Schokolade (siehe Seite 23) genießen.

Cakes' Erdnuss-Cookies

Ich lernte die fantastische Claire »Cakes« Ptak (von *Violet Cakes* im Osten Londons) kennen, als sie mich beim Styling für mein erstes Buch unterstützte. Als sie beladen mit selbst gebackenen Keksen, Kuchen und anderen unwiderstehlichen Leckereien beim Fotoshooting auftauchte, verstanden wir uns auf Anhieb. Und dann liebte sie auch noch die mexikanische Küche! Zu dieser Zeit arbeitete ich mit Volldampf daran, die Leute von mexikanischem Essen zu überzeugen. Das war bei Cakes gar nicht mehr nötig. Diese Cookies sind eine Adaption eines ihrer Rezepte. Die Mexikaner lieben Erdnüsse und Kekse und wir lieben diese Cookies zu einem starken Kaffee am Morgen.

Ergibt etwa 25 Cookies
Zubereitung: 30 Minuten + 30 Minuten Kühlzeit

180 g Mehl
¾ TL Natron
1 gute Prise Salz
225 g weiche Butter
200 g brauner Zucker
1 Ei + 1 Eigelb
200 g grobe Erdnussbutter
1 TL Vanilleessenz (siehe Seite 141)
120 g geröstete gesalzene Erdnusskerne

Mehl und Natron in eine Schüssel sieben, dann das Salz einrühren. Beiseitestellen. In einer zweiten Schüssel die Butter hell, locker und luftig aufschlagen (am besten mit dem Handrührgerät). Den Zucker einrühren, dann das Ei, gefolgt vom Eigelb. Nach und nach Mehl, Erdnussbutter, Vanilleessenz und Erdnüsse unterziehen (eine Handvoll Erdnüsse als Dekoration zurückbehalten). Den Teig 30 Minuten im Kühlschrank fest werden lassen (oder für später einfrieren).

Den Backofen auf 180 °C vorheizen. Zwei Backbleche mit Backpapier auslegen und gehäufte Teelöffel des kalten Teigs darauf verteilen, sodass sie mindestens 5 cm Abstand zueinander haben und beim Backen aufgehen können. Eine halbe Erdnuss auf jeden Keks setzen. Ein Blech wieder in den Kühlschrank stellen, da die Cookies in zwei Durchgängen gebacken werden müssen. Die Cookies auf der mittleren Schiene 12–15 Minuten backen, je nachdem, ob sie knusprig und leicht gebräunt oder hell und in der Mitte noch saftig sein sollen, dann auf ein Kuchengitter legen. Die zweite Portion auf dieselbe Weise backen. Die Cookies in einer luftdicht schließenden Dose aufbewahren.

Maispfannkuchen mit Avocadocreme und Speck

Dieses Frühstück bekam ich in einem Boutique-Hotel in Baja California serviert, wo sich kulinarische Einflüsse aus Mexiko und den USA mischen. Die Maispfannkuchen sind nicht ganz authentisch, aber sehr lecker, vor allem mit knusprigem Speck und kühler Avocadocreme.

Für 4–5 Personen
Zubereitung: 40 Minuten

4–5 große reife Eiertomaten
natives Olivenöl extra
Meersalz und frisch gemahlener schwarzer Pfeffer
einige Prisen Zucker
4 Maiskolben oder 450 g Mais aus der Dose
1 große Handvoll Koriandergrün
180 g Mehl
1 TL Backpulver
2 Eier + 2 Eigelb
140 ml Milch
40 g Butter
3 Frühlingszwiebeln, in dünne Ringe geschnitten
8–10 Scheiben durchwachsener geräucherter Speck

Für die Avocadocreme:
2 Avocados
Saft von 1 Limette
1 kleine Knoblauchzehe
2 EL Crème fraîche

Den Backofen auf 160 °C vorheizen. Die Tomaten halbieren und in einer ofenfesten Form verteilen. Mit etwas Olivenöl beträufeln und mit Salz, Pfeffer sowie einer kleinen Prise Zucker bestreuen. Für 30 Minuten in den Ofen schieben.

In der Zwischenzeit die Maiskolben jeweils aufrecht in eine Schüssel stellen und die Körner mit einem langen, scharfen Messer abschneiden. Den Mais (frisch oder gefroren) 4–5 Minuten in kochendem Salzwasser garen, dann abgießen. Die Hälfte des Korianders fein hacken.

Mehl, Backpulver und eine Prise Zucker in eine große Rührschüssel sieben. Eine Mulde in die Mitte drücken, die Eier, die Eigelbe und etwas Milch hineingeben. Den Teig nach und nach mit der restlichen Milch glatt rühren. Die Butter zerlassen und die Hälfte zum Teig geben, dann Mais, Frühlingszwiebeln und gehackten Koriander einrühren. Mit Salz und Pfeffer abschmecken.

Eine beschichtete Pfanne erhitzen, dann mit ein wenig von der verbliebenen Butter einfetten. 2 EL des Maisteigs mit etwas Abstand zueinander hineingeben, sodass sie nicht ineinanderlaufen (in einer kleinen Pfanne die Pfannkuchen einzeln backen). Bei mittlerer Hitze je 2 Minuten von jeder Seite goldbraun backen. Fertige Pfannkuchen auf einem Teller stapeln, mit Alufolie abdecken und im Ofen bei schwacher Hitze warm stellen.

Die Zutaten für die Avocadocreme im Mixer glatt pürieren und mit Salz und Pfeffer abschmecken. Den Speck bei starker Hitze in etwas Olivenöl braten. Zum Servieren jeden Pfannkuchen mit 2 Tomatenhälften, ein paar Korianderblättern, einer großzügigen Portion Avocadocreme und dem knusprigen Speck belegen. Sofort essen!

Rosies Frühstücks-Burritos

Rosie, das Organisationsgenie im *Wahaca*, kam 2010 zu uns, ein großer Mexiko-Fan, nachdem sie dort einige Jahre gelebt hat. Das ist eines ihrer Lieblingsrezepte und für sie »das perfekte Frühstück nach einer durchfeierten Nacht mit zu viel Mezcal« (mehr dazu auf Seite 178). Burritos, gefüllte Weizentortillas, stammen ursprünglich aus Nordmexiko.

Für 2 Personen
Zubereitung: 10 Minuten

4 Scheiben durchwachsener geräucherter Speck
Olivenöl zum Braten
½ kleine Zwiebel, fein gewürfelt
4 Eier
1 Schuss Milch (nach Belieben)
1 EL Butter
Meersalz und frisch gemahlener schwarzer Pfeffer
4 Weizentortillas, warm
1 reife Hass-Avocado, in Scheiben geschnitten
1 Handvoll geriebener Cheddar oder Gouda

Den Speck mit etwas Öl in einer beschichteten Pfanne bei starker Hitze knusprig braten und warm stellen. Einen weiteren Schuss Öl in die Pfanne geben, dann die Zwiebel darin bei schwacher Hitze glasig anschwitzen.

In der Zwischenzeit die Eier mit einer Gabel leicht verquirlen und die Milch einrühren. Die Butter zu den glasigen Zwiebeln geben und, sobald sie schmilzt, die Eier hineingießen und kräftig salzen und pfeffern. Bei schwacher Hitze rühren, bis die Eier die gewünschte Konsistenz haben. In Mexiko schätzt man Rühreier gut durchgebraten, ich mag sie lieber noch flüssig, deshalb nehme ich die Pfanne vom Herd, sobald die Eier zu stocken beginnen, und rühre unablässig, damit nichts ansetzt.

Etwas Rührei auf jede Tortilla geben, einige Avocadoscheiben darauf anrichten und alles mit zerkrümeltem Speck und geriebenem Käse bestreuen. Wie gegenüber gezeigt einschlagen und nach Belieben einige Minuten braten, um den Burrito knusprig zu rösten. Leeeecker!

Fb

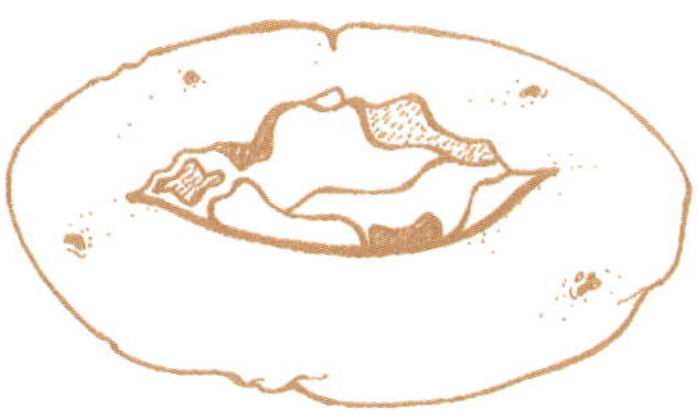

FÜLLUNG IN DIE MITTE DER TORTILLA GEBEN

AUSSENSEITEN EINSCHLAGEN UND FÜLLUNG ZUSAMMENDRÜCKEN …

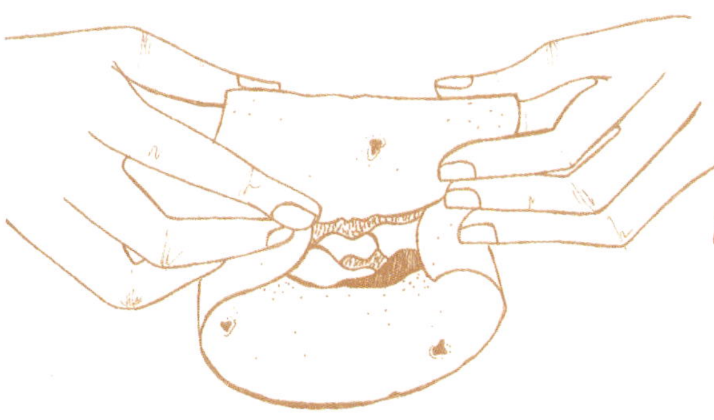

AUFROLLEN …

UND SOFORT GENIESSEN!

Molletes

Molletes sind einfach zubereitete, leckere Sandwiches mit Frijoles refritos (Bohnenpüree), geschmolzenem Käse und frischer Tomaten-Salsa. In Mexiko isst man sie zum Frühstück oder auch abends als leichten Snack (nach einem dieser legendär ausgedehnten Mittagessen). Lassen Sie sich nicht von der kurzen Zutatenliste täuschen: Diese Kombination ist die perfekte Mischung.

Für 4 Personen
Zubereitung: 10 Minuten

- **4 Ciabatta-Brötchen**
- **25 g weiche Butter**
- **½ Rezept Frijoles refritos (siehe Seite 134)**
- **100 g alter Cheddar oder Gouda, gerieben**
- **Frische Tomaten-Salsa (siehe Seite 208)**
- **50 g Crème fraîche (nach Belieben)**
- **gehacktes Koriandergrün zum Bestreuen**

Den Backofengrill vorheizen.

Die Brötchen aufschneiden und die Schnittflächen unter dem Grill (oder in einer trockenen Pfanne) rösten. Beide Hälften buttern, dann jeweils die untere Hälfte mit Frijoles refritos bestreichen. Das Bohnenpüree mit Käse bestreuen und die Molletes unter den Grill schieben, bis der Käse schmilzt.

Mit Tomaten-Salsa garnieren, nach Belieben Crème fraîche dazugeben, die Molletes zum Schluss mit Koriander bestreuen. Die Oberseiten auflegen und sofort genießen!

DAS LEBEN IST KURZ, DER PREIS EGAL.

Frisch vo

m Markt

Die Märkte Mexikos sind ein Rausch der Farben und Aromen. Wir erzählen unserem Team im *Wahaca* oft davon, von der Frische und der Esskultur. Dabei fallen dann Begriffe wie »leuchtend«, »bunt«, »freundlich«, »duftend«, »inspirierend«, »aufregend« … **Aber Worte werden diesem Erlebnis einfach nicht gerecht.**

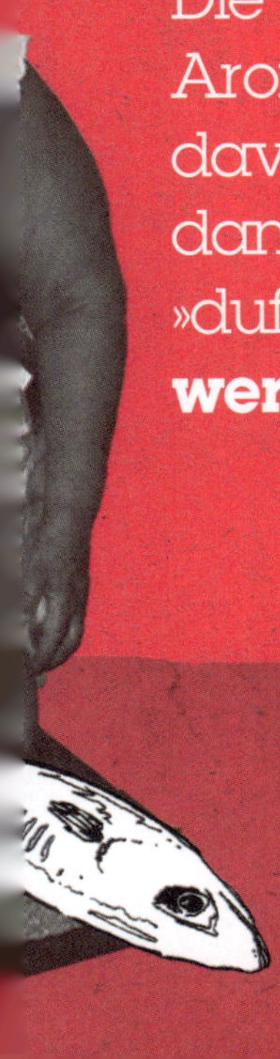

Mexiko ist eines der artenreichsten Länder der Welt und dieser Reichtum spiegelt sich im Angebot der farbenfrohen Märkte in voller Pracht. Wohin man sieht, findet man frische Früchte und Gemüse in Hülle und Fülle sowie Berge frischer und getrockneter Chilischoten – klein, rund, dünn oder lang und alle mit einem ganz eigenen unglaublichen Geschmack. Die Auswahl unterscheidet sich je nach Landesteil und auch von Markt zu Markt. Ein Großteil des Angebots ist erst am Morgen geerntet und dann sofort in die Stadt gebracht worden. Die Mexikaner legen immensen Wert darauf, nur die allerfrischesten Zutaten zu verwenden.

Märkte sind hektische, laute Orte, voller Musik und lachender Stimmen. Hier kauft man nicht nur ein, man trifft sich auch mit Freunden, hält ein Schwätzchen und isst. Wenn man lange genug durch die Gänge schlendert, vorbei an Obst und Gemüse, Brot, Milch und Käse, Fleisch und Fisch, erreicht man irgendwann unweigerlich eine Stelle, wo die Einheimischen zusammenkommen, um ihre Tacos, Tostadas und Quesadillas zu genießen.

Mittagessen gibt es in Mexiko selten vor zwei Uhr nachmittags, deshalb erinnerte mich mein Magen (nachdem ich nur frischen Guaven-Papaya-Saft gefrühstückt hatte) vormittags gerne daran, mir einen Snack zu suchen. Aber das ist bei der Auswahl wirklich nicht einfach! Vielleicht eine Tostada mit süßem Krebsfleisch und fruchtig-feuriger Habanero? Oder doch lieber pikante Garnelen, eine Schüssel buttrige Esquites (siehe Seite 47) oder eine leckere Empanada (siehe Seite 63)?

Die Taco-Stände betreiben eigene *comals* (offene Feuerstellen). Wenn man durch die unterschiedlichen mexikanischen Regionen reist, lernt man, dass Tacos ziemlich bunt sind: rot, dunkelblau, pechschwarz, gelb oder weiß, je nach der verwendeten Maissorte. Auch der feuchte Maisteig kennt Hunderte von Variationen. Die Füllungen sind immer fantastisch: Blattgemüse mit frischen Kräutern und Chilis, trüffelartiger Huitlacoche (siehe Seite 62), Zucchiniblüten mit Ricotta, Schmorfleisch (einschließlich Zunge, Pansen und Füße) sowie Steak mit rauchiger Sauce und köstlichem geschmolzenem Käse (siehe Seite 54).

Da gibt es Stände mit *barbacoa* – Ziege, Lamm oder Zicklein, langsam über Nacht im Erdofen gegart –, brodelnde Kessel mit Pozole (Schweinefleisch), Meeresfrüchte – oh diese Auswahl! – fangfrische Barsche, Ceviche, »Prawn Coctel« (eine superleckere Mischung aus Meeresfrüchten und pikantem Tomatensaft) sowie saisonale Köstlichkeiten in Empanadas und Quesadillas. Nehmen Sie sich eine Tortilla, gestikulieren und lächeln Sie, und der Verkäufer wird Ihnen gerne bei der Auswahl aus seinem Angebot helfen. Die Mexikaner sind sehr stolz auf ihre Küche.

Die Marktstände, an denen Essen zubereitet wird, sind ein Ansturm auf die Sinne – die Rufe der Händler, die knalligen Farben und die unwiderstehlichen Gerüche von brutzelndem Fleisch, röstendem Mais, schmelzendem Käse, brodelnden Eintöpfen, Früchten und Kräutern wetteifern um Aufmerksamkeit.

Ich liebe in Mexiko besonders das zweite Frühstück und die Snacks zu jeder Tageszeit – es ist für jeden Geldbeutel etwas dabei. Zu Hause gibt dieses Streetfood ein leckeres Mittagessen ab, Sie können aber auch mehrere Gerichte auf den Tisch bringen und in geselliger Runde genießen.

Dieses Essen ist der Kern dessen, was wir im *Wahaca* servieren, und es ist ganz einfach zu Hause zuzubereiten. Experimentieren Sie mit den Rezepten und finden Sie heraus, was Ihnen schmeckt. Das Wichtigste ist, dass Sie Spaß dabei haben.

Taco Für die meisten Europäer ist ein »Taco« ein mit Chili con Carne gefüllter knuspriger Fladen. Echte mexikanische Tacos dagegen sind weiche, frisch zubereitete Maistortillas mit leckeren Füllungen (ähnlich chinesischen Pfannkuchen). Kurz vor dem Einrollen kommen Salsas und scharfe Saucen hinzu.

Unsere Lieblings-Tacos kann man als Vorspeise oder auch als Hauptgericht mit Reis und/oder Bohnen servieren. Dafür rechnet man vier oder fünf kleine oder zwei große Tacos pro Person. Am besten genießt man sie zusammen mit anderen Gerichten gemeinsam in fröhlicher Runde. Die Füllungen eignen sich aber genauso gut für Bruschettas, Tostadas, Quesadillas oder Burritos – seien Sie kreativ!

Quesadilla (Keh-sa-dih-ja) ist Spanisch und bedeutet »kleines Käseding«. Hierfür füllt man Tortillas mit pikantem Hähnchenfleisch, Chorizo und Kartoffeln, gebratener Aubergine, Pilzen und einem Käse nach Wahl, etwa Queso de Oaxaca, einem Brühkäse, der an Mozzarella erinnert. Dann faltet man die Tortillas zusammen und grillt sie, bis sie innen brodelnd heiß und außen knusprig sind.

Wrap it!

Taquito (Tah-kih-to) bedeutet »kleiner Taco«. Er besteht aus einer kleinen, mit Hackfleisch oder frischem Gemüse gefüllten Maistortilla, die eng aufgerollt und leicht gebraten wird. Sehr, sehr lecker.

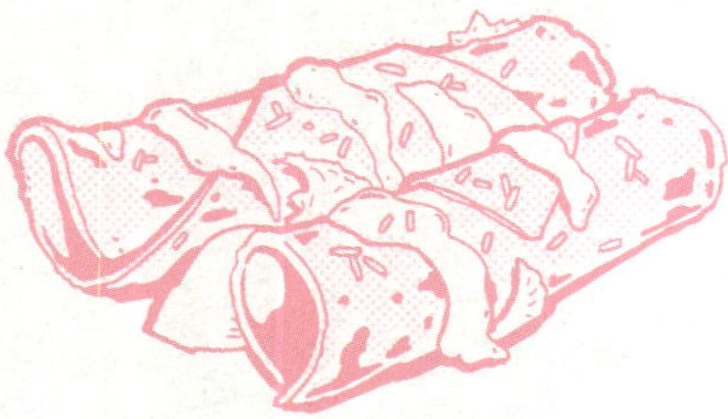

Tostada Eine kleine, leicht knusprig gebratene oder getoastete Tortilla (wie auf Seite 48), die mit frischen Zutaten belegt ist. Sie ist leichter als ein Taco, da man sie typischerweise mit einem hübsch angemachten Salat füllt. Man isst sie meist als Snack oder Beilage zu einem substanzielleren Gericht. Vorsicht, Suchtpotenzial!

Burritos stammen aus dem Bundesstaat Chihuahua im Norden. Man isst die großen Weizentortillas getoastet und mit frisch zubereiteten Füllungen. Ein Burrito ist eine vollständige Mahlzeit und liefert dem Körper alles, was er für den Tag braucht … manchmal auch ein bisschen mehr! Herzhaft und sättigend.

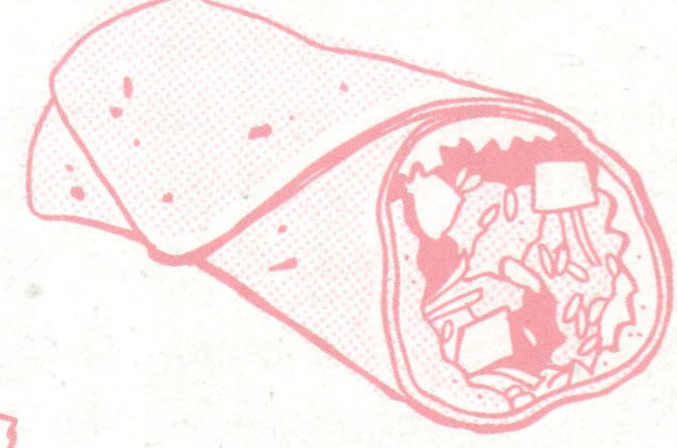

Einfache Weizentortillas

Früher konnten mir Weizentortillas gestohlen bleiben. Die Wraps in den britischen Supermärkten waren so langweilig (zumindest damals) und mexikanische Maistortillas hatten dagegen so viel mehr zu bieten. Dann bekam ich in Baja California meine erste echte Weizentortilla und wollte nichts anderes mehr. Hier ist ein sehr einfaches Rezept für eine hauchdünne Tortilla, wie man sie auf dem Markt in Mexiko bekommt. Ich habe sie kürzlich einer mexikanischen Freundin vorgesetzt und sie war hin und weg!

Ergibt etwa 10 Tortillas
Zubereitung: 45 Minuten

250 g backstarkes Weizenmehl (Type 550)
4 gehäufte EL kaltes Schmalz
feines Meersalz
Öl zum Braten

TIPP: Sie brauchen eine Teigrolle.

Das Mehl in eine Schüssel geben und mit den Fingerspitzen gründlich mit dem Schmalz verreiben. 1 TL Salz untermischen, eine Mulde in die Mitte drücken und 125 ml Wasser hineingießen. Das Wasser mit einer Gabel einrühren und nach und nach weitere 75 ml Wasser unterkneten, bis ein weicher, geschmeidiger, aber nicht klebriger Teig entsteht. Den Teig auf einer bemehlten Arbeitsfläche 5 Minuten weiterkneten, dann in eine saubere Schüssel legen, mit einem feuchten Küchentuch abdecken und 20 Minuten ruhen lassen.

Die Tortillas zubereiten. Den mittlerweile glatten und elastischen Teig in golfballgroße Kugeln teilen und mit einem feuchten Küchentuch abdecken. Die Arbeitsfläche und die Teigrolle mit etwas Mehl bestäuben. Jede Teigkugel mit zwei Fingern kräftig zu einem runden Pfannkuchen flach drücken und auf etwa 2 mm Dicke ausrollen. Eine Pfanne bei mittlerer bis hoher Temperatur erhitzen und dünn mit Öl einfetten.

Die Tortillas von beiden Seiten braten, bis sie aufgehen und goldgelb sind. In eine Serviette oder ein Küchentuch einschlagen und bis zum Servieren bei etwa 100 °C im Backofen warm stellen.

Perfekte Maistortillas

Ursprünglich verwendeten mexikanische Bäuerinnen weiche Maistortillas (Tor-tih-jah) als Verpackung für das Mittagessen, das sie mit zur Feldarbeit nahmen. Irgendwann begannen Händler, Besuchern in der Stadt diese »Hausmannskost« anzubieten. Bald gab es überall Imbisse mit lokalen Spezialitäten und es entstand die vielleicht vielfältigste Küche Nord- und Südamerikas. Diese Tortillas sind absolut authentisch: weich, voller Geschmack und viel besser als alles, was man fertig abgepackt kaufen kann!

Ergibt etwa 10 Tortillas
Zubereitung: 35 Minuten

250 g Masa Harina (siehe Seite 15)
½ TL feines Meersalz
Öl zum Braten

TIPP: Sie brauchen einen rundum aufgeschnittenen Gefrierbeutel und eine Teigrolle. In Mexiko verwendet man eine Tortillapresse.

Das Maismehl in einer großen Schüssel mit dem Salz vermengen. Eine Mulde in die Mitte drücken und nach und nach etwa 300 ml handwarmes Wasser einarbeiten – zuerst mit einem Löffel, dann mit den Händen –, bis ein Teig entsteht. Die Konsistenz sollte weichem, leicht klebrigem Ton ähneln. Einige Minuten sanft weiterkneten, dann mit einem feuchten Küchentuch abdecken und 20 Minuten ruhen lassen.

Den Teig zu kleinen Kugeln zupfen, nicht größer als eine Zwei-Euro-Münze, und mit einem feuchten Tuch abdecken. Eine Pfanne bei mittlerer Temperatur erhitzen und dünn mit Öl einfetten.

Eine Hälfte des Gefrierbeutels in die Tortillapresse oder auf die Arbeitsfläche legen, eine Teigkugel in die Mitte setzen und mit zwei Fingern zu einer dicken Scheibe flach drücken. Mit der anderen Beutelhälfte bedecken und auf 3 mm Dicke pressen oder ausrollen. Die obere Beutelhälfte abziehen und die Tortilla auf die Handfläche stürzen. Die Folie abziehen und die Tortilla in der Pfanne 20–30 Sekunden backen, bis die Unterseite hübsche braune Punkte bekommt. Wenden und weitere 30 Sekunden backen, dann erneut wenden.

In eine Serviette oder ein Küchentuch einschlagen und bis zum Servieren im Ofen warm stellen – es gibt nichts Unappetitlicheres als kalte Tortillas.

Totopos

Wir sagen dazu Tortillachips. In Mexiko isst man sie nur frisch und knusprig und goldgelb frittiert, und so schmecken sie einfach unwiderstehlich lecker. Sie sind einfach zuzubereiten und lassen gekaufte Chips buchstäblich alt aussehen. Servieren Sie die Totopos Freunden vor dem Essen mit einer oder zwei Salsas – sie werden in wenigen Sekunden verputzt sein! So kann man auch prima altbackene Tortillas aufbrauchen.

Zubereitung: 10 Minuten

Pflanzenöl zum Frittieren (mindestens 1 l)
viele Maistortillas
Meersalz

Das Öl in einem großen, schweren Topf siedend heiß werden lassen. Es muss mehrere Fingerbreit Abstand zum Topfrand haben, damit es aufschäumen kann.

In der Zwischenzeit die Tortillas in Dreiecke oder schmale Streifen schneiden. Ich schneide gerne große Dreiecke, damit man sieht, dass sie selbst gemacht sind. Für eine authentische Garnitur für Suppen und Salate die Tortillas in kleine, unregelmäßige Formen schneiden, je nach gewünschtem Aussehen des fertigen Gerichts.

Ein Tortillastück ins heiße Öl geben. Wenn es stark aufschäumt, ist es heiß genug.

Die Tortillachips hell goldgelb und knusprig frittieren. Mit einem Schaumlöffel aus dem Öl heben und auf reichlich Küchenpapier abtropfen lassen, dann mit Meersalz bestreuen.

Die Tortillastücke in mehreren Portionen frittieren, um die Fritteuse nicht zu überfüllen. Dann kühlt das Öl zu stark ab und die Chips werden weich. Für knusprige, goldgelbe Totopos muss das Öl heiß sein.

TIPP: Sie können die Chips auch mit Weizentortillas machen, die aber anders schmecken und mehr Öl aufsaugen. Frische Maistortillas sollten einige Stunden an der Luft trocknen. Dann lassen sie sich besser frittieren und nehmen weniger Öl auf.

Esquites

Eine leichte, köstliche Brühe mit frischen Kräuteraromen und buttrigem Mais, obendrauf kommen noch Cayennepfeffer, *crema* (die leicht saure, dicke mexikanische Sahne) oder Mayonnaise, Totopos und ein Spitzer Limettensaft. Esquites (Es-kih-tes) gehört mit zum Besten, was das mexikanische Streetfood zu bieten hat, und man kann zu jeder Tages- und Nachtzeit eine Styroporschale voll kaufen. Wenn man mal die saure Sahne außer Acht lässt, ist die Suppe auch sehr gesund. Im *Wahaca* köcheln wir unsere Brühe 40 Minuten mit Estragon, Minze und Epazote und verwenden Tiefkühlmais, wenn der frische keine Saison hat. Das Einfrieren unterbricht die Umwandlung von Zucker in Stärke und die Körner schmecken wie frisch geerntet. Servieren Sie die Suppe als Vorspeise oder als eigenständige Mahlzeit.

Für 4–6 Personen als Hauptgericht
Zubereitung: 1 Stunde

1 EL Butter
3 EL natives Olivenöl extra
2 mittelgroße weiße Zwiebeln, fein gehackt
Meersalz
1 grüne Chilischote, fein gehackt
1 EL Epazote oder 2 EL fein gehackte Korianderwurzeln oder -stiele
1 kleiner Oregano- oder Thymianzweig oder 1 TL getrockneter Oregano (vorzugsweise mexikanischer)
3 Lorbeerblätter, vorzugsweise frische
5 Knoblauchzehen, fein gehackt
1 kg Maiskörner (frisch oder aus der Dose)
1 große Handvoll Minze, fein gehackt
1 l Gemüsebrühe oder Wasser
Saft von 1 Limette
frisch gemahlener schwarzer Pfeffer

Zum Servieren:
saure Sahne oder Crème fraîche
Cayennepfeffer
junger Pecorino
Totopos (siehe Seite 45)
Limettenspalten

Einen Topf bei mittlerer Temperatur erhitzen, Butter und Öl hineingeben. Sobald es brutzelt, Zwiebeln, Salz, Chili, Epazote, Oregano und Lorbeer hinzufügen. 10 Minuten anschwitzen, bis die Zwiebeln glasig sind, dann den Knoblauch unterrühren. Weitere 10–15 Minuten braten. Je länger Zwiebel und Kräuter jetzt garen, desto mehr Geschmack bekommt die Suppe. Schließlich Mais und Minze hinzugeben, gründlich umrühren und Brühe oder Wasser in den Topf gießen.

Die Suppe 15–20 Minuten köcheln lassen, damit sich die Aromen entfalten und verbinden können. Mit Limettensaft, Salz und Pfeffer abschmecken. Bei Verwendung von Wasser oder selbst gemachter Brühe braucht man meist reichlich Salz und frisch gemahlenen schwarzen Pfeffer.

Die Suppe mit einem Klecks saurer Sahne oder Crème fraîche, einem Hauch Cayennepfeffer, geriebenem oder zerkrümeltem Käse und einer Handvoll Totopos in jeder Schale servieren. Dazu Limettenspalten reichen.

Feurige kleine Hähnchen-Tostadas

Tostadas sind kleine, knusprig frittierte Maisfladen, die man mit allerlei leckeren Dingen belegen kann. Sie sind leicht zuzubereiten und man kann sie im Voraus frittieren und bis zu einer Woche luftdicht verpackt aufbewahren. Stellen Sie eine großzügige Menge Tostadas bereit, sobald Ihre Gäste eintreffen, sodass sie etwas zum Knabbern haben, während Sie den Hauptgang zubereiten. Es wird niemanden stören, wenn Sie noch nicht ganz fertig sind, solange Ihre Gäste etwas Leckeres vor sich stehen haben, vor allem, wenn sie in der anderen Hand ein Glas Tequila halten.

Für 4 Personen
Zubereitung: 30 Minuten

Sonnenblumenöl zum Frittieren
Maistortillas
Meersalz
2 getrocknete Chipotle-Chilis
1 EL gehackte eingelegte Jalapeño-Chilis
1 kleine Handvoll Kerbel oder Estragon oder eine Mischung
4 EL Mayonnaise
frisch gemahlener schwarzer Pfeffer
Saft von 1 Limette
2 pochierte Hähnchenbrüste (siehe Tipp) oder 400 g übrig gebliebenes Hähnchenfleisch, in Stücke gezupft
4 kleine Salatblätter, in dünne Streifen geschnitten
1 Hass-Avocado, in kleine Stücke geschnitten

Zunächst die Tostadas zubereiten: Etwa 200 ml Öl in einer Pfanne siedend heiß werden lassen (als Test ein kleines Stück Tortilla ins Öl geben – wenn es gut brutzelt, ist es heiß genug). Mit einem Plätzchenausstecher 8 cm große Kreise aus den Tortillas ausstechen und im heißen Öl knusprig und goldbraun frittieren. Auf Küchenpapier abtropfen lassen und mit Salz betreuen.

Die Chipotles mit kochendem Wasser bedecken und 15 Minuten quellen lassen, bis sie weich sind. Für eine mildere Schärfe die Samen entfernen. Die Chilis fein hacken und die Hälfte zusammen mit der Hälfte der Jalapeños und den Kräutern in die Mayonnaise rühren. Mit Salz, Pfeffer und einem guten Spritzer Limettensaft abschmecken, dann das Fleisch hineingeben. Die Schärfe überprüfen und mit weiteren Chipotles anpassen.

Die Tostadas auf einem großen Teller verteilen. Auf jeder Tostada etwas Salat, einen gehäuften Löffel von der Hähnchenmischung und schließlich Avocadostücke sowie die restlichen eingelegten Jalapeños anrichten. Vorsicht, davon kann man gar nicht genug bekommen!

TIPP: Die Hähnchenbrüste zum Pochieren mit einigen Lorbeerblättern, ein paar Pfefferkörnern und einigen Zwiebelscheiben in einen kleinen Topf mit siedendem Salzwasser legen. 15 Minuten sanft köcheln lassen, bis das Fleisch zart ist.

So isst man Tacos

Glauben Sie jetzt bloß nicht, die Mexikaner hätten für alles eine Regel, aber im *Wahaca* geben wir unseren Gästen gerne eine Art Insider-Leitfaden zum Verzehr von Tacos an die Hand, mit dessen Hilfe sie sich auch in Mexiko nicht blamieren und Tacos essen können wie die Einheimischen.

GEHT NICHT

Essen Sie nicht mit **Messer und Gabel**.

Essen Sie nicht **alleine**. Wer keine Begleitung hat, sollte seine Tischnachbarn kennenlernen – mexikanisches Essen genießt man am besten in Gesellschaft.

GEHT

Sorgen Sie für **genügend Servietten**, denn mexikanisch essen ohne Kleckern geht nicht.

Nehmen Sie von der **Salsa** auf dem Tisch, aber tauchen Sie bitte den Taco nicht hinein, sondern nehmen Sie **einen Löffel**.

Hauen Sie rein, sobald der Teller und der Korb mit heißen Tortillas vor Ihnen stehen – es wäre eine Schande, wenn sie kalt würden.

Decken Sie die Tortillas sorgfältig wieder ab, sobald Sie sich eine genommen haben – es gibt **nichts Schlimmeres als eine kalte Tortilla**.

Teilen Sie mit Freunden (wenn Sie sich dazu durchringen können).

Sommerfrische Tacos mit Spinat und Feta

Wenn Sie an einem Straßenstand in Mexiko einen Taco kaufen, können Sie sich an großen Schüsseln mit Füllungen bedienen, darunter auch immer Blattgemüse wie Mangold oder Spinat, Zucchiniblüten, frische Kräuter und Mais – alles frisch, gesund und lecker! Die Füllung mit Spinat und Feta ergibt ein fantastisches vegetarisches Gericht und lässt sich auch gut zusammen mit einer kleinen Auswahl anderer Taco-Füllungen anbieten. Dazu passt wunderbar eine rauchige Salsa (siehe Seite 209).

Für 6–8 Personen
Zubereitung: 30 Minuten

2 EL Olivenöl
½ Gemüsezwiebel, klein gewürfelt
½ TL gemahlener Kreuzkümmel
1 Jalapeño-Chili, von den Samen befreit und fein gehackt
2 TL frische Thymianblätter oder ½ TL getrockneter Thymian
200 g Mais (aus der Dose)
Meersalz und frisch gemahlener schwarzer Pfeffer
2 Knoblauchzehen, zerdrückt
2 große Eiertomaten, enthäutet, von den Samen befreit und klein gewürfelt
500 g frischer Spinat
1 kleines Bund Estragonblätter, gehackt
1 kleine Handvoll Minzeblätter, gehackt
Saft von ½ Limette

Zum Servieren:
Maistortillas
50 g Feta
Salsa aus gerösteten Tomaten (siehe Seite 209)
Limettenspalten
Koriandergrün, gehackt

Eine schwere Pfanne bei hoher Temperatur erhitzen, dann das Öl hineingeben. Die Temperatur auf mittlere Stufe reduzieren und Zwiebel, Kreuzkümmel, Jalapeño, Thymian und die Maiskörner in die Pfanne geben. Unter Rühren 10 Minuten braten, bis der Mais Farbe annimmt und die Zwiebel glasig ist. Mit Salz und Pfeffer würzen und den Knoblauch einige Minuten mitbraten, dann Tomaten und Spinat in die Pfanne geben.

Einige Minuten rühren, damit die Mischung sich nicht ansetzt, dann die Kräuter und den Limettensaft untermischen. Erneut abschmecken. (Zu diesem Zeitpunkt kann man die Mischung abkühlen lassen und für später in den Kühlschrank stellen. Sie hält sich einige Tage und muss vor dem Servieren wieder aufgewärmt werden.)

Zum Servieren die Tortillas kurz von beiden Seiten rösten und mit der Mischung füllen. Feta darüberkrümeln und die Tacos mit der Salsa servieren. Zum authentischen Genuss gehören auch noch kleine Schalen mit Limettenspalten und gehacktem Koriander.

Rajas-Tacos

Ein weiterer Beleg dafür, dass die Mexikaner mit Gemüse umgehen können. *Rajas* sind Streifen von Poblano-Chilis. Die Kombination aus den gerösteten Chilischoten und langsam gegarten Zwiebeln, Knoblauch und Crème fraîche ist wie Ambrosia und schmeckt nicht nur zu Tacos wunderbar, sondern auch auf herzhaftem Maisbrot, als Sauce zu gedämpftem oder gebackenem Fisch oder als Füllung für eine Folienkartoffel. Wir haben diese Tacos je nach Jahreszeit immer mal wieder auf der Speisekarte und sie sind jedes Mal ein Hit.

Für 6–8 Personen
Zubereitung: 35 Minuten

6 EL Olivenöl
2 weiße Zwiebeln, in dünne Streifen geschnitten
Meersalz und frisch gemahlener schwarzer Pfeffer
3 Poblano-Chilis
3 Knoblauchzehen, fein gehackt
250 g Crème fraîche
1 gute Prise Piment
1 gute Prise getrockneter Oregano
2–3 Lorbeerblätter

Zum Servieren:
warme Mais- oder Weizentortillas
80 g Gruyère, gerieben

Eine große, schwere Pfanne bei mittlerer Temperatur erhitzen und das Öl hineingeben. Die Temperatur auf mittlere bis niedrige Stufe reduzieren, die Zwiebeln in die Pfanne geben, gut salzen und pfeffern und 10–15 Minuten anschwitzen, bis sie glasig sind.

In der Zwischenzeit die Poblanos halbieren, die Samen entfernen und unter dem Backofengrill rösten, bis sie rundum schwarz werden. Die Stiele entfernen und die schwarze Schale abschaben (das geht einfacher, wenn man sie 10 Minuten in einer mit Frischhaltefolie abgedeckten Schüssel abkühlen lässt). Die Chilis in Streifen zupfen und mit dem Knoblauch zu den Zwiebeln geben. Weitere 10 Minuten braten, damit die Schoten ihren Geschmack abgeben können, dann die Crème fraîche einrühren. Abschmecken, Piment, Oregano und Lorbeerblätter hinzugeben. 10 Minuten köcheln lassen, damit sich die Aromen entfalten.

In warmen Tortillas mit etwas geriebenem Käse als Vorspeise servieren oder zusammen mit anderen Gerichten und Salsas als Gemeinschaftsessen.

TIPP: Wenn Sie keine Poblanos bekommen, rösten Sie stattdessen 3 grüne Paprikaschoten und 1–2 grüne Chilischoten.

Steak & cheese tacos

Das Marinieren braucht zwar Zeit, aber das Gericht selber ist in nur 10 Minuten zubereitet und eignet sich damit ganz prima, wenn Sie Gäste haben. Skirt Steak oder Saumfleisch kommt in Mexiko häufig auf den Tisch, weil es preiswert ist, aber trotzdem einen tollen Geschmack hat. Sie können es durch Filet oder Rumpsteak ersetzen oder Sie fragen Ihren Metzger, was er empfiehlt.

Für 6–8 Personen
Zubereitung: 10 Minuten + mindestens 30 Minuten Marinierzeit

350 g Skirt Steak (Saumfleisch)
3 EL Olivenöl
4 Frühlingszwiebeln, in 2–3 cm lange Stücke geschnitten, dann längs halbiert

Für die Marinade:
½ TL schwarze Pfefferkörner
1 gute Prise getrockneter Oregano (vorzugsweise mexikanischer)
einige Prisen Meersalz
2 Knoblauchzehen
Saft von ½ Orange
Saft von 1 Limette

Zum Servieren:
Mais- oder Weizentortillas
Guacamole (siehe Seite 172)
Cheddar oder Gouda, gerieben
Frijoles refritos (siehe Seite 134, nach Belieben)

Wenn das Steak dick geschnitten ist, schneiden Sie es mit einem scharfen Messer quer in dünne Scheiben.

Pfefferkörner, Oregano, Salz und Knoblauch im Mörser zerstoßen. Mit Orangen- und Limettensaft verrühren, dann die Steaks mit der Mischung bestreichen. Abdecken und 30 Minuten bei Zimmertemperatur oder einige Stunden im Kühlschrank marinieren.

Das Fleisch mindestens 30 Minuten vor der Zubereitung aus dem Kühlschrank nehmen, damit es Zimmertemperatur annimmt. Eine große Pfanne oder Grillpfanne bei hoher Temperatur erhitzen, dann 2 EL Öl hineingeben. Die Steaks mit Küchenpapier trocken tupfen und je nach Dicke 1–3 Minuten von jeder Seite braten. Das Fleisch muss innen noch rosa und saftig sein, sonst wird es zäh. Den Gargrad kann man durch Druck mit dem Daumen ermitteln: Das Fleisch sollte noch elastisch zurückfedern. Wer unsicher ist, legt das fertig gebratene Steak auf ein Schneidebrett, lässt es 3–4 Minuten ruhen und schneidet es dann in der Mitte ein. Wenn es noch zu blutig aussieht, 1–2 Minuten länger braten.

Während die Steaks ruhen, das restliche Öl in die Pfanne geben und die Frühlingszwiebeln einige Minuten braten, bis sie Farbe annehmen.

Die Steaks quer zur Faser dünn aufschneiden. Dadurch wirkt das Fleisch zarter.

Die Pfanne auswischen und die Tortillas von beiden Seiten kurz rösten. In eine Serviette einschlagen und warm stellen. Das Fleisch mit Tortillas, Guacamole, Käse und Frijoles refritos servieren, dazu Salsa nach Wahl, sodass jeder sich seine Tacos selbst belegen kann.

TIPP: Nach Belieben dazu noch Cheddar-Chips servieren: Dafür kleine Häufchen geriebenen Cheddar auf einem Backblech verteilen und unter den heißen Grill schieben, bis der Käse schmilzt und bräunt.

Knusprige Garnelen-Taquitos mit pikanter Avocado-Salsa

Ein sehr ähnliches Gericht haben wir bei unserem letzten Betriebsausflug nach Mexiko auf dem San-Juan-Markt in Mexiko City gegessen und waren verblüfft, dass ein so simples Essen so sensationell schmecken kann. Das Geheimnis liegt, wie so oft bei mexikanischen Speisen, in der fantastischen Kombination der Aromen.

Ergibt 6–8 Taquitos
Zubereitung: 40 Minuten

6 große Eiertomaten
4 EL Olivenöl
1 Zwiebel, fein gehackt
1 gute Prise getrockneter Oregano (vorzugsweise mexikanischer)
Meersalz und frisch gemahlener schwarzer Pfeffer
3 EL fein gehackte eingelegte Jalapeño-Chilis
300 g rohe geschälte Garnelen, gehackt (notfalls gekochte Garnelen)
Sonnenblumenöl zum Frittieren
6–8 Weizentortillas
Mayonnaise zum Servieren

Für die Knoblauchbutter:
1 Knoblauchknolle
60 g Butter

Für die Avocado-Jalapeño-Salsa:
1 reife Hass-Avocado, klein gewürfelt
½ rote Zwiebel, gehackt
Saft von 1 Limette
1 EL gehackte eingelegte Jalapeño-Chilis
1 kleines Bund Koriandergrün, gehackt

TIPP: Sie brauchen hölzerne Zahnstocher.

Zunächst die Knoblauchbutter zubereiten: Die Knoblauchknolle durch einen Schlag mit der Teigrolle zerteilen und auf die Zehen schlagen, um die Schale zu lösen. Den geschälten Knoblauch mit 200 ml Wasser in den Mixer geben und pürieren. Die Butter in einem Topf aufschäumen lassen, das Püree hineingeben und 5–10 Minuten erhitzen, bis das Wasser fast völlig verkocht ist.

In der Zwischenzeit die Tomaten vierteln, die Samen mit einem Löffel herauskratzen (kann man für Tomatensauce aufheben) und das Fruchtfleisch klein würfeln. Das Olivenöl in einer großen Pfanne erhitzen, Zwiebel und Oregano hineingeben. 5 Minuten glasig anschwitzen, dann kräftig salzen und pfeffern. Die Chilis und zwei Drittel der Tomaten hinzugeben (den Rest für die Salsa aufbewahren) und kochen, bis die Flüssigkeit fast völlig verdampft ist. Die Temperatur erhöhen, die Garnelen hineingeben und einige Minuten garen, bis sie sich rosa färben. Gekochte Garnelen muss man nur 1 Minute in der Sauce aufwärmen. Vom Herd nehmen, 1 EL Knoblauchbutter einrühren und abkühlen lassen.

Jetzt die Salsa zubereiten: Die restlichen Tomaten mit der Avocado und der Zwiebel durchheben und mit Limettensaft, Jalapeños, Koriander, Salz und Pfeffer nach Geschmack würzen …

Das Sonnenblumenöl in einer mittelgroßen Pfanne erhitzen. Die Tortillas kurz darin erwärmen, dann auf die Arbeitsfläche legen. Auf eine Hälfte jeder Tortilla 2–3 EL der Garnelenmischung geben, dabei 1 cm Rand frei lassen. Die Tortilla zu einem Halbmond zusammenklappen und mit Zahnstochern fixieren (siehe Zeichnungen). Die Tortillas im siedenden Öl goldgelb und knusprig frittieren. Dabei einmal mit einer Zange wenden. Aus der Pfanne heben, auf Küchenpapier abtropfen lassen und die Zahnstocher entfernen.

Die Taquitos aufbrechen und auf einer großen Servierplatte anrichten. Mit einem Löffel Salsa und Mayonnaise darauf verteilen und servieren.

EINE VARIANTE: Für eine einfachere Variante 4–5 cm große Scheiben aus den Tortillas ausstechen und knusprig und goldgelb frittieren. Diese Tostadas mit etwas Mayonnaise, Garnelenfüllung und der Avocado-Salsa servieren.

Die Knoblauchbutter hält sich eine Woche im Kühlschrank und schmeckt zu allen möglichen warmen Speisen.

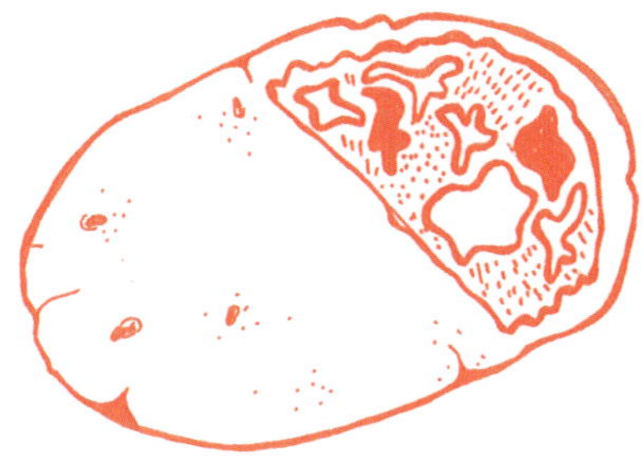

DIE FÜLLUNG AUF EINE HÄLFTE GEBEN …

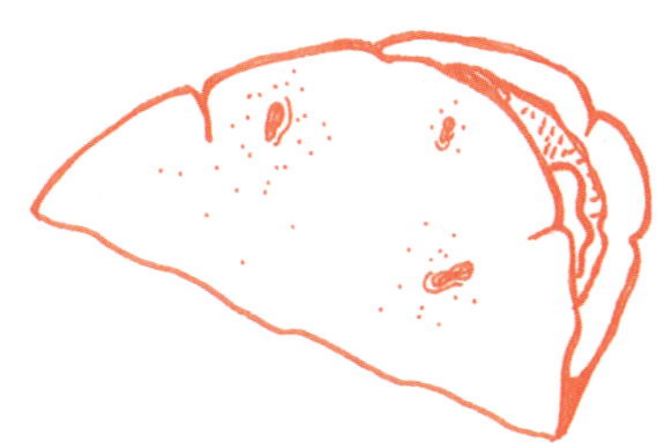

ZUSAMMENKLAPPEN …

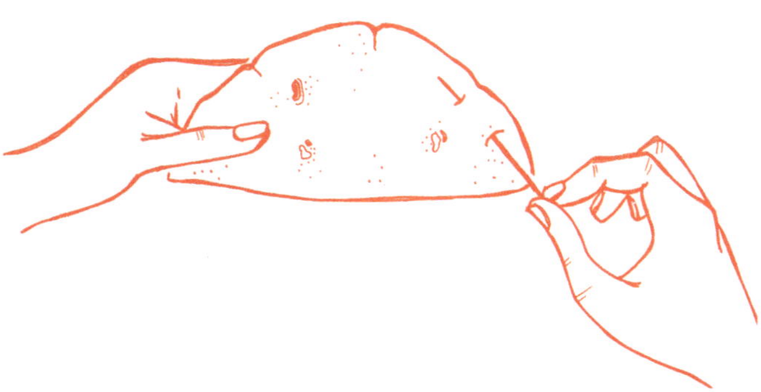

MIT ZAHNSTOCHERN SICHERN, DAMIT DIE FÜLLUNG NICHT AUSLÄUFT.

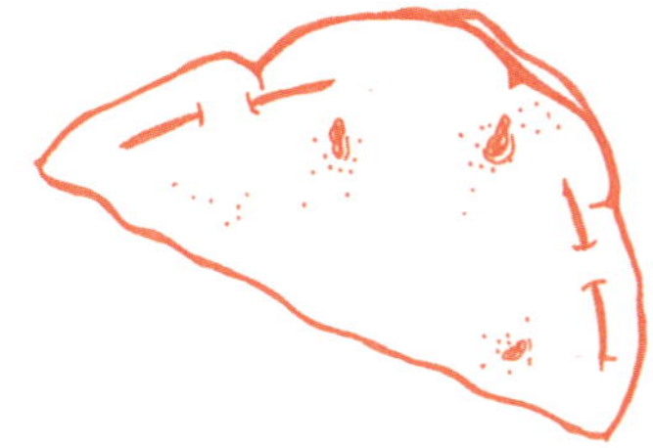

Knusprige Kartoffel-Taquitos

Superlecker, ganz schnell gemacht und dazu noch preiswert – was könnte besser sein als diese Taquitos? Wir servieren sie mit einem frischen Salat und eine feurige Chili-Salsa gehört unbedingt dazu.

Ergibt mindestens 8 Taquitos
Zubereitung: 40 Minuten

650 g neue Kartoffeln, geschrubbt
Meersalz
2 mittelgroße Zwiebeln
2–3 Jalapeño-Chilis
5 EL natives Olivenöl extra
frisch gemahlener schwarzer Pfeffer
200 g Gruyère, gerieben
Saft von 1 Limette
Sonnenblumenöl zum Braten
Mais- oder Weizentortillas

Zum Servieren:
2 Romanasalatherzen, in dünne Streifen geschnitten
2 Tomaten, gewürfelt
2 Frühlingszwiebeln, fein gehackt
saure Sahne
scharfe Chili-Salsa (siehe Seite 215)

TIPP: Sie brauchen hölzerne Zahnstocher.

Die Kartoffeln in gleich große Stücke schneiden und in einen mittelgroßen Topf geben. Mit Wasser bedecken, salzen, zum Kochen bringen und garen, bis sie weich sind. In der Zwischenzeit Zwiebeln und Jalapeños fein hacken. Die gekochten Kartoffeln abgießen und grob würfeln. Ich lasse die Schale gerne dran.

Eine große Pfanne bei mittlerer Temperatur erhitzen und das Olivenöl hineingeben. Zwiebeln und Chilis dazugeben, salzen und pfeffern und anschwitzen, bis die Zwiebeln glasig sind. Die Temperatur reduzieren und die Kartoffeln unterrühren. Alles zusammen unter Rühren 3 Minuten braten. Die Mischung sollte recht trocken sein. Vom Herd nehmen und den Käse und den Limettensaft einrühren. Mit Salz und Pfeffer abschmecken.

Das Sonnenblumenöl in einem mittelgroßen Topf zum Sieden bringen. Die Tortillas kurz hineintauchen, um sie zu erwärmen (dadurch lassen sie sich einfacher falten). Auf die Arbeitsfläche legen. Zwei bis drei großzügige Löffel Füllung auf jede Tortilla geben, die Tortilla zu einem Halbmond zusammenklappen und mit Zahnstochern fixieren (siehe Zeichnungen gegenüber).

Die Taquitos goldgelb und knusprig frittieren, dabei einmal mit einer Zange wenden. Aus dem Öl heben, auf Küchenpapier abtropfen lassen und die Zahnstocher entfernen. Salat, Tomaten und Frühlingszwiebeln auf den Taquitos anrichten, mit saurer Sahne und Salsa beträufeln.

Quesadillas mit Bohnen, Erbsen und Kartoffeln

Eines unserer Lieblingsrezepte im *Wahaca*, inspiriert von einem Frühstück auf einem Bohnenmarkt in einem kleinen Ort nahe Mexiko-Stadt. Dort wurden die Bohnen gekocht, püriert und in unterschiedlich geformte Teigtaschen gefüllt, dann gegrillt und mit Salsas, Crema und Salat serviert. Wir servieren sie in einer Quesadilla – das ist leicht, frisch, einfach zuzubereiten und schmeckt verführerisch nach Sommer.

Für 2–4 Personen
Zubereitung: 40 Minuten

225 g neue Kartoffeln
Meersalz
5 EL Olivenöl, plus Öl zum Bestreichen
1 mittelgroße Zwiebel, fein gehackt
2 Knoblauchzehen, zerdrückt
1 grüne Chilischote, entkernt und fein gehackt
200 g tiefgekühlte Dicke Bohnen
100 g tiefgekühlte Erbsen
Saft von 1 Limette
frisch gemahlener schwarzer Pfeffer
je 1 kleine Handvoll Minze- und Estragonblätter, fein gehackt
50 g Feta, zerkrümelt
Weizentortillas
80 g Cheddar oder Gouda, gerieben

Die Kartoffeln mit etwas Salz gar dämpfen oder kochen, abgießen und beiseitestellen. Eine Pfanne bei hoher Temperatur erhitzen und dann 3 EL Olivenöl hineingeben. Die Temperatur reduzieren, Zwiebel, Knoblauch und Chili in die Pfanne geben und etwa 10 Minuten braten, bis die Zwiebel glasig ist. In der Zwischenzeit einen mittelgroßen Topf mit gesalzenem Wasser zum Kochen bringen. Die Bohnen hineingeben und etwa 3 Minuten kochen, dann die Erbsen hinzufügen. Weitere 3–4 Minuten kochen, bis Erbsen und Bohnen gerade gar sind.

Die Kartoffeln sanft mit dem Gabelrücken mit der Zwiebelmischung zerdrücken und mit Limettensaft, Salz und Pfeffer abschmecken – Achtung: Der Feta ist auch schon salzig! Den Rest des Olivenöls und die Erbsen, Bohnen, Kräuter sowie den Feta sanft mit der Gabel einarbeiten. Wenn die Mischung zu trocken wird, etwas natives Olivenöl extra hinzugeben.

Einen gehäuften Löffel der Mischung grob auf einer Hälfte jeder Tortilla verstreichen und mit Käse bestreuen. Die Tortillas zu Halbmonden falten und die Hälften fest zusammendrücken.

Eine Brat- oder Grillpfanne erhitzen. Die Quesadillas von beiden Seiten mit Olivenöl bestreichen und goldgelb und knusprig braten.

Die Quesadillas in je drei Ecken schneiden und mit Salsas nach Wahl sowie eiskaltem Bier, Limonade oder Agua fresca (siehe Seite 180) servieren.

Trüffelige Pilz-Quesadillas

Zu den beliebtesten Angeboten auf unserer Streetfood-Karte zählt im Winter die Huitlacoche-Quesadilla. Huitlacoche (Uiht-la-kotsche) ist eine fantastische Zutat: Ein Pilz befällt den Mais, der sich daraufhin beim Kochen schwarz verfärbt. In Mexiko ist dieser Mais mit seinem intensiv erdigen, trüffelartigen Aroma eine teure Delikatesse. Wenn ich ihn hier nicht bekommen kann, mache ich die Quesadillas mit Pilzen und Trüffelöl und denke an Mexiko. Ein kinderleichtes und superleckeres Gericht.

Für 4–6 Personen
Zubereitung: 35 Minuten

Olivenöl
1 EL Butter
1 rote Zwiebel, in dünne Streifen geschnitten
1 große Knoblauchzehe, zerdrückt
1 Chile de Arbol (vorzugsweise) oder Peperoncino, gehackt, oder 1 Prise Chiliflocken
1 gute Prise getrockneter Oregano (vorzugsweise mexikanischer)
8 Riesenchampignons, in Scheiben geschnitten
Meersalz und frisch gemahlener schwarzer Pfeffer
20 g getrocknete Steinpilze, 15 Minuten in kochend heißem Wasser eingeweicht
2 EL grob gehackte glatte Petersilie
6–8 Tropfen Trüffelöl
150 g Mozzarella, gerieben
50 g Cheddar oder Gouda, gerieben
Mais- oder Weizentortillas
Rucola (nach Belieben)

Einen schweren Topf erhitzen, dann 1 EL Olivenöl und die Butter hineingeben. Die Temperatur auf mittlere Stärke reduzieren. Sobald die Butter geschmolzen ist, Zwiebel, Knoblauch, Chili und Oregano hineingeben und 5 Minuten anschwitzen, bis die Zwiebel glasig ist. Die Champignons hinzugeben, salzen und pfeffern und 5 Minuten garen. Die eingeweichten Pilze abgießen (das Wasser auffangen), grob hacken und mit der Hälfte des Wassers in den Topf geben. Kochen, bis die Flüssigkeit fast völlig verdampft ist.

Vom Herd nehmen, Petersilie und Trüffelöl einrühren. Abschmecken und bei Bedarf etwas mehr Trüffelöl hinzugeben. Die beiden Käse in einer kleinen Schüssel mischen und beiseitestellen.

Einen gehäuften Esslöffel Pilzfüllung auf eine Hälfte jeder Tortilla setzen und mit Käse und, wenn gewünscht, mit Rucola bedecken. Die Tortillas zu Halbmonden zusammenklappen und die Ränder gut andrücken.

Eine Brat- oder Grillpfanne erhitzen. Die Quesadillas von beiden Seiten mit Öl bepinseln und goldgelb und knusprig braten.

Jede Quesadilla in drei Ecken schneiden. Als leckeren Snack zu einem Drink servieren oder zusammen mit einem Rucolasalat als kleine Vorspeise.

Empanadas: mexikanische Pastetchen

Kaum jemand weiß, dass im 19. Jahrhundert viele Bergarbeiter aus Cornwall nach Hidalgo in Zentralmexiko emigrierten, um dort in den Silberminen zu arbeiten. Mit ihnen kam ein Spiel nach Mexiko, bei dem zwei Mannschaften einem Lederball hinterherjagen. Die Mexikaner liebten es auf Anhieb und so kam der Fußball in die Neue Welt.

Die Einwanderer brachten auch ihr Rezept für Cornish Pasties mit und das scheint ebenso ein Riesenerfolg gewesen zu sein. Der Bundesstaat Hidalgo ist berühmt für seine *pastes*, wie sie dort genannt werden, und manche erinnern doch sehr stark an die Vorlage aus Cornwall.

Gibt es einen britischen Einfluss bei den Empanadas Nord-, Mittel- und Südamerikas? Ich denke schon, auch wenn die beste, die ich dort je gegessen habe, mit eindeutig mexikanischen Zutaten wie gezupftem Hähnchenfleisch, frischem Epazote und wunderbarer gelber Mole gefüllt war. Wenn ich diese Dinge in London nicht bekomme, helfe ich mir mit Käse und Zwiebeln. Lassen Sie bei der Füllung Ihrer Fantasie freien Lauf und genießen Sie den Kulturmix!

Empanadas mit schwarzen Bohnen & Chorizo

Empanadas bestehen aus einem einfachen Teig, gefüllt mit den üblichen Streetfood-Füllungen und gebacken, bis sie aufgehen und knusprig sind. Leo, einer unserer Küchenstars im *Wahaca*, macht fantastische Empanadas aus Süßkartoffeln, die hier als Inspiration dienten. Beginnen Sie am besten am Vormittag mit der Zubereitung, damit sie dann mittags verführerisch dampfend auf dem Teller liegen.

Ergibt 8 Empanadas
Zubereitung: 35 Minuten + etwa 2½ Stunden Kühlzeit

250 g Chorizo, Pelle entfernt
1 mittelgroße Zwiebel, fein gehackt
400 g gegarte schwarze Bohnen, aus der Dose oder selbst gekocht (siehe Seite 134) – gegart, bis sie auseinanderfallen, und abgegossen
1 kleine Handvoll Thymian, gehackt
1 Ei, mit einen Schuss Milch verquirlt

Für den Teig:
360 g Mehl, gekühlt, plus Mehl zum Bestäuben
einige TL Salz
180 g Schmalz, gekühlt und in kleine Würfel geschnitten
1 Ei

Für den Teig (Sie können auch fertigen Blätterteig nehmen) Mehl und Salz in eine Schüssel sieben und dann mit den Fingern mit dem Schmalz zu groben Krümeln verreiben. Je weniger man knetet, desto besser. Ei und 150 ml eiskaltes Wasser verquirlen, dazugießen und alles mit einer Gabel vermengen. Der Teig sollte weich, grob und recht klebrig sein. Mit kühlen Händen zusammennehmen, mit Mehl bestäuben und zu einer Dicke von 2–3 cm flach drücken. Mit Frischhaltefolie abdecken und für mindestens 2 Stunden kalt stellen.

In der Zwischenzeit die Chorizo in 5 mm große Würfel schneiden und bei mittlerer bis schwacher Hitze in eine große Pfanne geben. Sobald das Fett austritt, die Zwiebel einrühren. Die Temperatur leicht reduzieren und die Mischung etwa 10 Minuten braten, bis die Zwiebel glasig ist. Die schwarzen Bohnen untermischen und alles grob zu einem Püree zerdrücken. Mit dem Thymian würzen und vom Herd nehmen.

Den Backofen auf 200 °C vorheizen. Den Teig in zwei Portionen teilen und jede Hälfte auf einer bemehlten Fläche zu einem 5 mm dicken Rechteck ausrollen. Die Rechtecke jeweils in vier Quadrate schneiden und auf geölte Backbleche legen. Mit Frischhaltefolie abdecken und für 20 Minuten kalt stellen. Ein bis zwei großzügige Löffel Chorizomischung in die Mitte jedes Quadrats setzen. Die Teigränder rundherum mit verquirltem Ei bestreichen. Eine Teigecke diagonal über die Füllung schlagen, sodass ein Dreieck entsteht. Die Ränder mit einer Gabel zusammendrücken. Die Teigtaschen mit dem restlichen verquirlten Ei bepinseln und ein- oder zweimal mit der Gabel einstechen, damit beim Backen der Dampf entweichen kann. Die Empanadas 20 Minuten backen, bis sie knusprig und goldgelb sind, dabei einmal wenden. Sofort genießen.

El Pulpo
Kleine Gerichte
In der
CANTINA
Desserts
HAUPTGERICHTE

Suppen & Salate

Cantina

Das Mittagessen ist die wichtigste Mahlzeit in Mexiko. Es beginnt so gegen zwei oder drei Uhr nachmittags und dauert mehrere Stunden, manchmal sogar bis in den Abend. Zum stilvollen Ausgehen gibt es nur einen Ort: **die Cantina!**

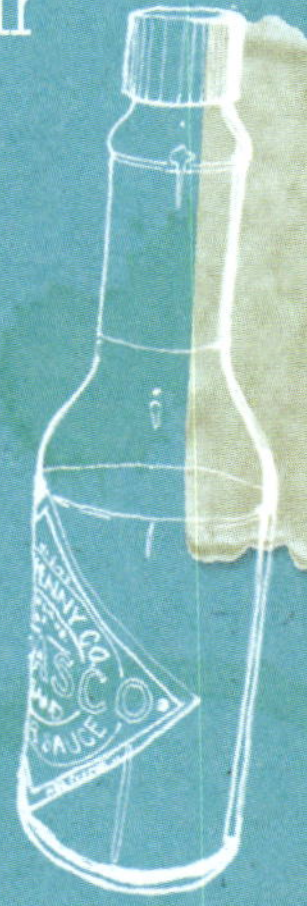

Wir lassen uns zwar von Märkten inspirieren, aber beim Design des *Wahaca* wollten wir den entspannten, zwanglosen und lebendigen Stil einer Cantina nachstellen. In einer mexikanischen Cantina bekommt man zu jeder Zeit einen Snack und einen Drink, kann mit Freunden feiern oder sich mittags mit ein paar Tacos stärken. Man sagt, dass Mexikaner wichtige Entscheidungen immer beim Mittagessen treffen, und dafür ist die Cantina der perfekte Ort. Wo kann man besser diskutieren und verhandeln als an einem runden Tisch mit gutem Essen, gutem Wein und vielleicht auch dem einen oder anderen Tequila?

Eine Cantina besteht oftmals aus wenig mehr als einem Raum direkt an der Straße, wo das Menü des Tages mit mindestens drei Gängen das einzige Angebot ist, das einen aber satt und zufrieden macht. Das Essen ist preiswert, aber immer hochwertig, und die Küche glänzt makellos sauber.
Es gibt auch anspruchsvollere Cantinas, die eine größere Auswahl an Snacks, Vorspeisen, Hauptgerichten und Desserts im Angebot haben. Die Speisekarten sind eine Gefahr für Menschen mit gesundem Appetit, denn nur zu gern lässt man sich von all den angebotenen Leckereien verführen, nur um Stunden später um einige Pfunde schwerer aus der Cantina zu rollen. Hier ist Disziplin gefragt!

Das Schöne an einem ausgedehnten mexikanischen Mittagessen ist das Tempo. Die Gänge haben eine ganz bestimmte Abfolge und kommen in einem beständigen Rhythmus der Fülle und Großzügigkeit auf den Tisch. Zuerst werden kalte Krüge mit Agua fresca (siehe Seite 180) gebracht oder vielleicht auch ein kleiner Tequila mit einer spritzigen Sangrita (siehe Seite 186). Auf ein eiskaltes Bier folgen dann gerne Teller mit Antojitos (An-to-hih-tos), dem Äquivalent zu den italienischen Antipasti.

Dann kommt die Suppe, entweder sehr konzentriert oder so, wie wir sie kennen. Natürlich können Sie auch Nudeln bestellen, die in Mexiko sehr populär sind, oder Käse, der zusammen mit einer leckeren Sauce geschmolzen und auf warmen Tortillas oder in Quesadillas serviert wird. Ceviche und Salpicón (warmer Meeresfrüchte-Salat) sind ebenfalls sehr beliebt. Salat gewinnt in Mexiko mittlerweile immer mehr Freunde, vor allem unter Menschen, die auf ihre Figur achten. Auf diese kleineren Gerichte folgen die herzhaften Platos fuertes: Hauptgerichte mit leckeren sämigen Moles, Schmortöpfe, gebackener und gegrillter Fisch oder Meeresfrüchte. Den Abschluss bildet das Dessert, da gibt es keine Kompromisse (siehe Seite 138–155).

Die Mexikaner wissen, dass Essen in Gesellschaft einfach besser schmeckt. Und was wäre da geeigneter als ein wahrhaft königliches Mittagessen?

APPETITLICH …

Suppen

Jede mexikanische Region hat ihre eigenen traditionellen Gerichte, die von den lokalen Zutaten inspiriert sind, wie Chilis, Pilze und Blattgemüse, von denen viele nur in einer ganz bestimmten Gegend gedeihen. So wird beispielsweise eine Sopa de Guia aus allen Teilen der Zucchinipflanze, weißem Mais und den einheimischen Kräutern Chepil und Hierba de Conejo zubereitet, sodass es unmöglich ist, außerhalb Oaxacas eine »authentische« Version dieser Suppe zu kochen.

Die Tatsache, dass bestimmte Zutaten außerhalb Mexikos kaum zu beschaffen sind, hat uns bei der Planung des Restaurants schlaflose Nächte bereitet. Nachdem wir uns aber einig waren, welche Art von Streetfood wir servieren wollten, haben wir Zulieferer gefunden, die uns genau die getrockneten Chilis liefern, die wir brauchen, und wir kauften Kisten voller Mole, Huitlacoche und Kaktus, als noch niemand sonst danach fragte. Bei Fisch, Milchprodukten und Kräutern ersetzen wir die Originalzutaten durch heimische Produkte mit ähnlichen Eigenschaften. Wir bemühen uns, das Beste aus dem zu machen, was wir haben.

Die Mexikaner schätzen Einfallsreichtum. Da es den meisten Köchen im Traum

AROMATISCHE TOMATEN

& Salate

UND SUPERGESUND!

nicht einfiele, etwas wegzuwerfen, das man vielleicht noch brauchen könnte, basiert eine Suppe immer auf einer selbst gemachten Brühe aus Knochen, Kräutern und Gemüseresten. Das nenne ich wirklich kochen, wenn man aus ein paar Resten ganze Menüs zaubern kann. Bevor es Fertiggerichte gab, war das auch bei uns üblich.

Damit die Suppen auch sättigend, attraktiv und appetitlich werden, garniert man sie mit einer ganzen Reihe von Zutaten, die für Textur, Biss und Körper sorgen: knusprige Tortillastreifen, Avocadostücke, frittierte Chilischoten, Käse, frische Limetten und gehackter Koriander. Für jede Suppe gibt es eine eigene Garnitur, die ihren besonderen Geschmack am besten unterstreicht.

Auch die abwechslungsreich komponierten Salate stecken voller Geschmack und kombinieren unterschiedliche Texturen. Manche basieren auf jahrhundertealten Traditionen, wie der Kaktussalat (siehe Seite 81), andere sind von der Küche der europäischen Eroberer beeinflusst. So haben Rote Bete, Ziegenkäse und Walnüsse zusammengefunden, begleitet von Frischkäse und Avocados. Der berühmteste Salat von allen ist der Caesar Salad (siehe Seite 82), der Anfang des 20. Jahrhunderts tatsächlich in Mexiko erfunden wurde und heute in aller Welt beliebt ist. Wer hätte gedacht, dass Mexiko so viel kunlinarische Ausstrahlung besitzt?

Schwarze-Bohnen-Suppe

Eine Bohnensuppe hat immer etwas Heimeliges. Sie wärmt die Seele und sorgt für ein wohliges Gefühl vor allem, wenn sie mit einem Hauch Chili gekocht ist und mit saurer Sahne und zerkrümeltem Feta serviert wird.

Für 6 Personen
Zubereitung: 35 Minuten

2 Eiertomaten
3 Knoblauchzehen, ungeschält
25 g Butter oder Schmalz
Olivenöl
½ weiße Zwiebel, fein gehackt
1–2 EL gehackter frischer Oregano oder Majoran oder 1 TL getrockneter Oregano
2 frische Lorbeerblätter
1–2 TL Chipotles en Adobo (siehe Seite 214, nach Belieben)
Meersalz und frisch gemahlener schwarzer Pfeffer
600 g gegarte schwarze Bohnen, aus der Dose oder selbst gekocht (siehe Seite 134)
800–1000 ml Geflügel- oder Gemüsebrühe
Saft von 1 Limette

Zum Servieren:
100 g Feta, zerkrümelt
100 g frische Tomaten-Salsa (siehe Seite 208)
1 kleine Handvoll Koriandergrün, gehackt
saure Sahne

Eine Pfanne erhitzen und Tomaten und Knoblauch darin trocken anrösten (siehe Seite 211).

In der Zwischenzeit die Butter und 1 TL Öl in einem großen Topf erhitzen. Sobald die Butter schäumt, Zwiebel und Kräuter hineingeben. 5–10 Minuten anschwitzen, bis die Zwiebel glasig ist, dann den gerösteten Knoblauch hinzugeben. Einige Minuten weiterbraten, dann die Tomaten und die Chipotles en Adobo (wenn verwendet) hinzugeben, kräftig salzen und pfeffern. Einige Minuten sanft köcheln lassen, dann die Bohnen (selbst gekochte mit der Garflüssigkeit) hinzugeben. Nach einer Weile Brühe und Limettensaft untermischen und alles 10–15 Minuten sanft köcheln lassen, damit sich die Aromen entfalten.

Die Suppe mit dem Pürierstab kurz durchmixen, sodass sie noch Textur hat, oder nach Belieben glatt pürieren. Auf vorgewärmte Suppenteller verteilen, Feta, Salsa und Koriander dazugeben und mit einem Klecks saurer Sahne servieren.

EINE VARIANTE: Lassen Sie die Salsa weg und servieren Sie die Suppe für einen etwas exotischeren Touch mit saurer Sahne und frittierten Ancho-Chilis (siehe Seite 77).

Linsen-Bananen-Suppe

Die Kombination aus erdigen Linsen und süßer Banane ist einfach himmlisch. Meine Freundin Pia Quintana, eine wunderbare Köchin, erzählte mir vor ein paar Jahren von dieser Suppe und ich war anfangs alles andere als angetan. Was für ein Fehler! Sie ist nämlich wirklich lecker. Das Chile-de-Arbol-Öl erweckt sie so richtig zum Leben und gehört unbedingt dazu.

Für 6 Personen
Zubereitung: 50 Minuten + mindestens 3–4 Stunden Einweichzeit

500 g grüne oder Puy-Linsen, mindestens 3–4 Stunden (besser über Nacht) eingeweicht
4 Knoblauchzehen
3 frische Lorbeerblätter
einige Pfefferkörner
Meersalz
2 große Tomaten
Olivenöl
1 mittelgroße Zwiebel, fein gehackt
2 sehr reife Kochbananen, geschält und in kleine Stücke geschnitten
2 TL getrockneter Oregano
frisch gemahlener schwarzer Pfeffer
1 gehäufter TL brauner Zucker
Saft von 1 Limette
1 l Hühnerbrühe
1 großes Bund Koriandergrün, Stängel und Wurzeln fein gehackt, Blätter grob gehackt

Zum Servieren:
saure Sahne oder Crème fraîche
Chile-de-Arbol-Öl (siehe Seite 213)

Die Linsen abgießen und in einen Topf geben. 5 cm hoch mit Wasser bedecken und 1 zerdrückte Knoblauchzehe, 2 Lorbeerblätter und ein paar Pfefferkörner hinzugeben. 30 Minuten köcheln lassen, bis die Linsen weich sind, und kurz vor Ende der Kochzeit 1 guten TL Salz unterrühren.

In der Zwischenzeit eine Pfanne erhitzen und die Tomaten unter gelegentlichem Wenden 10–15 Minuten trocken anrösten, bis sie rundum gründlich geschwärzt sind.

Einen mittlelgroßen Topf erhitzen und 3 EL Olivenöl hineingeben. Sobald das Öl heiß ist, die Zwiebel darin bei mittlerer Temperatur 10 Minuten glasig anschwitzen. Den restlichen Knoblauch fein hacken und mit 1 Banane, dem letzten Lorbeerblatt und dem Oregano hinzugeben. Mit Salz, Pfeffer und einer guten Prise braunem Zucker würzen. Die Temperatur erhöhen und gelegentlich umrühren, damit sich nichts ansetzt, während die Banane karamellisiert.

Sobald die Mischung goldbraun und recht trocken ist, die angerösteten Tomaten hinzugeben und mit einem Kochlöffel zerdrücken. Linsen, Limettensaft und Brühe unterrühren, 10–15 Minuten köcheln lassen und dabei die Korianderwurzeln und -stängel hinzugeben.

Kurz vor dem Servieren etwas Öl in einer Pfanne erhitzen und die verbliebene Banane rundum goldgelb und knusprig braten, dann mit dem restlichen Zucker, Salz und Pfeffer würzen. Die Suppe abschmecken (Linsen vertragen einiges an Salz) und mit einem Klecks Crème fraîche, einigen Spritzern Chiliöl, Bananenstückchen und gehackten Korianderblättern servieren.

TIPP: Wer mag, gart die Linsen zusammen mit einer halben Zwiebel und/oder einer Möhre.

Tomatensuppe mit Totopos

Lassen Sie sich von der Zutatenliste nicht abschrecken! Dies ist die beliebteste Suppe Mexikos – mit all den wunderbaren Garnituren nicht nur spektakuläre Vorspeise, sondern auch als eigenständige kleine Mahlzeit substanziell genug. Wenn Sie nicht alle Chilisorten bekommen können, nehmen Sie einfach nur Chipotles oder eine paar frische Chilis und etwa geräuchertes Paprikapulver. Es lohnt sich aber, wegen des tiefen und intensiven Geschmacks nach Guajillos und Anchos zu suchen.

Für 6 Personen
Zubereitung: 1 Stunde

- 4 große reife Fleischtomaten (etwa 1 kg) oder 3 Dosen Eiertomaten (à 400 g)
- 5 Guajillo-Chilis (etwa 25 g)
- 2 Ancho-Chilis (etwa 25 g)
- 1 Chipotle-Chili
- 4 EL natives Olivenöl extra
- 1 Zwiebel, fein gehackt
- 3 Knoblauchzehen, gehackt
- Meersalz und frisch gemahlener schwarzer Pfeffer
- 1 großes Bund Koriander, Stängel fein gehackt, die meisten Blätter grob gehackt (einige Blätter als Garnitur ganz lassen)
- 1 Handvoll Oregano- und Thymianblätter, grob gehackt
- 1 l Hühnerbrühe
- 1 Prise brauner Zucker (nach Belieben)

Zum Servieren:

- 2 frittierte Ancho-Chilis (siehe Tipp)
- 150 g saure Sahne
- Totopos (siehe Seite 45), in dünne Stifte geschnitten
- 150 g Feta, zerkrümelt
- 2 Avocados, in letzter Minute gewürfelt
- Limettenspalten

Wenn frische Tomaten verwendet werden, den Backofengrill vorheizen und ein Backblech mit Alufolie auslegen. Die Tomaten auf oberster Schiene unter gelegentlichem Wenden 15 Minuten grillen, bis sie rundum geschwärzt sind.

In der Zwischenzeit die Chilis wie auf der nächsten Seite beschrieben vorbereiten, dann 15 Minuten in einer Schüssel mit kochend heißem Wasser einweichen.

Olivenöl und Zwiebel in eine Pfanne geben und bei schwacher Hitze rühren. Nach 5 Minuten den Knoblauch sowie reichlich Salz und Pfeffer hinzugeben und anschwitzen, bis die Zwiebel glasig ist. Kräuter und Tomaten unterrühren. Garen, bis die Tomaten zerfallen, anschließend die abgegossenen Chilis und die Hühnerbrühe hinzugeben. Aufkochen, dann die Temperatur reduzieren, sodass die Suppe nur noch köchelt.

5–10 Minuten köcheln lassen, dann mit dem Stabmixer glatt pürieren und abschmecken. Eventuell fehlen noch Salz und brauner Zucker, um den Geschmack der Tomaten zu unterstreichen. Die Suppe in vorgewärmte Teller füllen und mit Schüsseln mit frittierten Anchos, saurer Sahne, knusprigen Totopos, Koriander, Feta, Avocados und Limettenspalten servieren. Ein absoluter Kracher von einer Suppe!

TIPP: Zum Frittieren der Chilis in einen kleinen Topf 5 cm hoch Öl gießen und erhitzen. Die Chilis in Stücke schneiden, auf einen metallenen Schaumlöffel legen und 5 Sekunden in das heiße Öl tauchen, bis sie sich aufblähen. Sie dürfen nicht verbrennen, weil sie sonst bitter werden.

Getrocknete Chilis

In Mexiko kennt man Hunderte Chiliarten, von denen sich viele durch Trocknen konservieren lassen. Die schrumpligen kleinen Schoten besitzen eine ganz erstaunliche Vielfalt an komplexen Geschmacksnoten. Und so bereitet man sie zu:

1. Die getrockneten Schoten aufbrechen, dann Stiel und Samen entfernen (manchmal behält man die Kerne auch, aber eigentlich nur für dunkle Moles).

2. Die Chilis in flache Stücke (4–5 cm groß) zupfen. Zum gleichmäßigen Rösten müssen sie flach liegen, sodass die Haut überall Kontakt zum Pfannenboden hat.

3. Eine schwere Pfanne trocken bei mittlerer bis hoher Temperatur erhitzen, dann eine kleine Handvoll Chilistücke darin verteilen und nur kurz rösten. Sie sollten gerade weich werden und sich biegen, duften, sich leicht dunkel färben und stellenweise leise sieden. Sie dürfen auf keinen Fall anbrennen! Durch das Rösten soll nur das Aroma freigesetzt werden. Vertrauen Sie Ihrer Nase und nehmen Sie die Chilis aus der Pfanne, sobald Sie meinen, dass sie fertig sind (nach 10–20 Sekunden pro Seite). Wenn sie zu schnell dunkel werden, die Temperatur reduzieren. Eine verbrannte Chilischote macht die komplette Sauce bitter.

4. Die Chilis 15–20 Minuten oder nach Rezept in kochend heißem Wasser einweichen. In den meisten Fällen kann man das Wasser anschließend weggießen.

Avocadosuppe

Avocados sind nicht nur lecker, sie stecken auch voller gesunder Fettsäuren und Vitamine, was sie zu einem echten Superfood macht. Diese Suppe ist sehr sättigend, sodass man nur eine kleine Portion braucht, aber auch so cremig, dass man nicht genug davon bekommt … Ich serviere sie gern kalt, aber heiß schmeckt sie ebenso gut. Auf vollreife Avocados und eine leichte Chilischärfe kommt es bei dieser wunderbaren Vorspeise an.

Für 4 Personen
Zubereitung: 20 Minuten + mindestens 2 Stunden Kühlzeit

1 grüne Chilischote
4 reife Hass-Avocados
1 Knoblauchzehe, zerdrückt
1,2 l Hühnerbrühe, gekühlt
Saft von 1 Limette
1 Schuss Tequila blanco (nach Belieben)
Meersalz und frisch gemahlener schwarzer Pfeffer
3–4 Tropfen Tabasco (nach Belieben)

Zum Servieren:
saure Sahne und 1 kleine Handvoll gehackter Koriander oder Schnittlauch
ODER
Frische Tomaten-Salsa (siehe Seite 208) und Totopos (siehe Seite 45) oder gekaufte Tortillachips

Die Spitze der Chili abschneiden und vorsichtig probieren. Wenn sie sehr scharf ist, die Samen entfernen, wenn nicht, einfach grob hacken. Die Avocados entsteinen und das Fruchtfleisch in den Mixer löffeln. Knoblauch und Chili hinzugeben und glatt pürieren, dabei nach und nach die Brühe angießen. Mit Limettensaft, Tequila, Salz und Pfeffer abschmecken, falls nötig, mit etwas Tabasco nachwürzen.

Die Suppe für mindestens 2 Stunden, besser über Nacht, kalt stellen.

In tiefe Teller füllen. Mit einem Klecks saurer Sahne und etwas gehacktem Koriander garnieren oder mit Tomaten-Salsa und Totopos (oder gekauften Tortillachips) servieren.

Avocadosalat

Eine wirklich tolle Mischung aus reifer Avocado, knusprigem Speck, knackigen Salatblättern und gerösteten Mandeln, dazu ein cremiges Avocadodressing. Ein sättigendes und superleckeres Mittagessen.

Für 4 Personen
Zubereitung: 25 Minuten

1 kleine Handvoll Mandeln
Sonnenblumenöl zum Braten
12 dünne Scheiben durchwachsener geräucherter Speck
3 Romanasalatherzen
1 Hass-Avocado, grob gewürfelt
1 grüne Chilischote, in dünne Ringe geschnitten (wenn es weniger scharf sein soll, die Samen entfernen)
2 Frühlingszwiebeln, in dünne Ringe geschnitten
1 EL grob gehackter Koriander

Für das Dressing:
1 Hass-Avocado
Saft von ½ Limette
Meersalz und frisch gemahlener schwarzer Pfeffer
1 Prise Zucker
75 ml natives Olivenöl extra
1 gehäufter TL Dijonsenf
2 Frühlingszwiebeln, grob gehackt
1 kleines Bund Basilikum

Zunächst das Dressing zubereiten: Die Avocado mit dem Limettensaft im Mixer pürieren, mit Salz, Pfeffer und einer guten Prise Zucker abschmecken. Den Rest der Dressingzutaten hinzugeben und glatt pürieren. Bei Bedarf mit ein wenig kaltem Wasser auf die gewünschte Konsistenz verdünnen.

Eine Pfanne bei mittlerer Temperatur erhitzen. Die Mandeln hineingeben und unter Wenden 5 Minuten leicht anrösten. Abkühlen lassen, dann grob hacken. Etwas Sonnenblumenöl in die Pfanne geben und den Speck darin knusprig braten. Auf Küchenpapier abtropfen lassen.

Die Hälfte der Salatblätter klein schneiden und mit jeweils der Hälfte von Avocado, Chili und Frühlingszwiebeln sowie 2–3 zerkrümelten Scheiben Bacon in eine Schüssel geben. Einen großen Löffel Dressing hinzufügen, salzen und pfeffern und durchheben.

Die übrigen Salatblätter auf Tellern auslegen und den Salat darauf anrichten. Weiteres Dressing darübergeben, gefolgt von restlicher Avocado, Speck, Chili, Frühlingszwiebeln, Mandeln und Koriander. Sofort servieren.

Kaktussalat

Wenn Sie in einem Feinkostgeschäft eine Dose Nopal (Feigenkaktus) entdecken, sollten Sie unbedingt zugreifen. In Mexiko gilt das ballaststoffreiche Gewächs als verdauungsfördernd und Abnehmwillige schätzen den Kaktus als Zutat für Salate und Säfte, er schmeckt aber auch fantastisch mit Käse überbacken und in Tacos. Ich liebe seinen salzigen Geschmack und seine fleischige Textur, die in diesem leichten Salat die Tomaten schön ergänzen.

Für 4 Personen
Zubereitung: 10 Minuten

6 mittelgroße Rispentomaten, grob gehackt
1 Dose (175 g) Feigenkaktus (Nopal), abgegossen, abgespült und grob gehackt
1 kleine rote Zwiebel, in schmale Streifen geschnitten
1 kleine Handvoll krause Petersilie, fein gehackt
1 kleine Handvoll Korianderblätter, grob gehackt
50 g Pecorino, gerieben

Für das Dressing:
60 ml natives Olivenöl extra
Saft von 1 Limette
1 Prise feinster Zucker
Meersalz und frisch gemahlener Pfeffer

Die Zutaten für das Dressing verquirlen und beiseitestellen.

Die Salatzutaten (ohne den Pecorino) in einer großen Schüssel vorsichtig mit dem Dressing durchheben. Den Salat mit dem Käse bestreuen.

Ich serviere dazu gerne Totopos (siehe Seite 45), aber dann ist der Salat nicht mehr so leicht!

Caesar Salad

Dieser Salat wurde 1924 von Caesar Cardini in Tijuana erfunden, der ein Restaurant voller Gäste und nur eine magere Auswahl an Zutaten hatte: Brot vom Vortag, Sardellen und Salat. Aber der typisch mexikanische Erfindungsreichtum kann einen auch so zum gastronomischen Star machen! Wir servieren den Salat seit unserer Eröffnung.

Für 4 Personen
Zubereitung: 45 Minuten

4 Hähnchenkeulen
2 Lorbeerblätter
Meersalz und frisch gemahlener schwarzer Pfeffer
1 kleine Zwiebel, geviertelt
1 Kopf Romanasalat
100 ml Olivenöl
einige Zweige Thymian
½ Weißbrot, in Stücke gezupft
2 Hass-Avocados, gewürfelt
80–100 g Parmesan oder Pecorino, mit dem Sparschäler gehobelt

Für das Dressing:
2 Eigelb
Saft von ½ Zitrone
1 TL Dijonsenf
6 Sardellenfilets, gehackt
1 kleine Knoblauchzehe, zerdrückt
200 ml Olivenöl
1–2 EL geriebener Parmesan oder Grana Padano
1 Spritzer Worcestersauce

Den Backofen auf 170 °C vorheizen.

Die Hähnchenkeulen in einem Topf mit Wasser bedecken, Lorbeerblätter, ½ TL Salz, etwas Pfeffer und die Zwiebel hinzugeben. Aufkochen, dann die Temperatur reduzieren, sodass das Wasser nur noch köchelt. 10 Minuten garen, dann vom Herd nehmen und das Fleisch im Sud abkühlen lassen.

Für das Dressing Eigelbe, Zitronensaft, Senf, Sardellen und Knoblauch in den Mixer geben. Bei laufendem Gerät langsam das Öl in einem dünnen Strahl hinzugießen. Alles zu einer sahnigen Konsistenz rühren, dann Parmesan und Worcestersauce untermischen. Die Mayonnaise mit etwas Wasser verdünnen, falls sie zu dickflüssig wird. Mit Salz und Pfeffer würzen und bei Bedarf mit mehr Zitronensaft abschmecken.

Den Salatkopf längs halbieren und die Blätter trennen. Waschen und trocknen, dann in eine große Salatschüssel geben. Olivenöl, Thymianblätter, Salz und Pfeffer in einer kleinen Schüssel verquirlen. Das Brot darin wenden, auf einem Backblech verteilen und 5–10 Minuten goldgelb und knusprig rösten. In der Zwischenzeit das Fleisch abtropfen lassen und in großen Stücken von den Knochen lösen. Mit den Avocadowürfeln zum Salat geben.

Den Salat salzen und pfeffern, die Croûtons darauf verteilen. Alles mit Dressing übergießen und vorsichtig durchheben. Mit großen Parmesanspänen bestreuen und sofort servieren.

Grüner Reissalat

Als wir das *Wahaca* gerade eröffnet hatten und ich in der Küche stand, waren wir bei den Belegschaftsessen ausgesprochen kreativ. Der Mexikanische grüne Reis (siehe Seite 130) schmeckte immer allen, deshalb habe ich auch noch einen Salat daraus entwickelt. Das Resultat ist zugleich erfrischend und anheimelnd, mit einem tollen Feuer, das die Habanero liefert. Auch zu Hause essen wir den Salat oft und gern, und inzwischen habe ich die Zubereitung noch vereinfacht. Ein fantastischer Salat für einen Sommerabend am Grill.

Für 6–8 Personen
Zubereitung: 45 Minuten

200 g Basmatireis
3 EL natives Olivenöl extra
4 kleine Schalotten, fein gehackt
1 Knoblauchzehe, zerdrückt
2 große Zucchini, gewürfelt
400 g Mais, aus der Dose
4 Eiertomaten, gewürfelt
3 Frühlingszwiebeln, fein gehackt
160 g Feta, zerkrümelt
Saft von 1 Limette
½ Habanero- oder Scotch-Bonnet-Chili, fein gehackt
je 1 große Handvoll Minze und Koriander, fein gehackt
1 kleine Handvoll Estragon, fein gehackt
Totopos (siehe Seite 45), in kleine Stifte geschnitten

Für das Dressing:
60 ml natives Olivenöl extra
Saft von 1 Limette
1 Prise Zucker
Meersalz und frisch gemahlener Pfeffer

Alle Dressingzutaten miteinander verquirlen und beiseitestellen.

Den Reis 20 Minuten in kaltem Wasser einweichen, dann in einem Sieb gut abspülen. In einem Topf mit dem doppelten Volumen an Wasser übergießen. Aufkochen und etwa 12 Minuten köcheln lassen, bis der Reis gerade gar, aber noch bissfest ist und das Wasser aufgenommen hat. Gut mit Salz, Pfeffer und 2–3 EL Dressing würzen, dann abkühlen lassen (für einen warmen Salat mit Alufolie oder Backpapier abdecken und im Ofen warm stellen).

In der Zwischenzeit eine große Pfanne bei hoher Temperatur erhitzen und das Olivenöl hineingeben. Nach 1 Minute Schalotten, Knoblauch, Zucchini und Mais hineingeben und 5–10 Minuten pfannenrühren, bis das Gemüse etwas Farbe annimmt und gerade gar ist. Es darf nicht zerfallen. In eine große Salatschüssel geben und abkühlen lassen.

Das Gemüse mit dem Reis, den Tomaten und Frühlingszwiebeln, dem Feta, dem Limettensaft und der Hälfte der gehackten Chili durchheben. Mit gerade so viel Dressing befeuchten, dass der Salat saftig, aber nicht nass ist, und abschmecken. Schließlich mit Kräutern und Totopos durchheben und nach Belieben mit der restlichen Chili würzen.

Gurkensalat mit Chili, Roter Bete & Ricotta

Als ich mit 18 nach Mexiko ging, war ich erstaunt, wie gesund das Essen dort in der Regel war. Das Vorurteil, die mexikanische Küche sei schwer und fettig, fand ich in der Hauptstadt schnell widerlegt. Stattdessen Märkte voller unglaublicher Früchte und Gemüse und schicke Cafés, die leichte, frische Kost anboten. Gurke und Rote Bete sind sehr beliebt, nicht nur in Salaten, sondern auch in Säften. In diesem Rezept kombiniere ich sie mit Ricotta statt Requesón (mexikanischem Frischkäse) zu einem erfrischenden, leichten und cremigen Gericht. Wenn Sie keinen Kerbel bekommen, nehmen Sie Estragon oder Basilikum. Perfekt als Vorspeise oder als Teil eines sommerlichen Mahls.

Für 4–6 Personen
Zubereitung: 45 Minuten

3 mittelgroße Rote-Bete-Knollen
100 ml natives Olivenöl extra, plus Öl zum Einreiben und Beträufeln
Meersalz und frisch gemahlener schwarzer Pfeffer
250 g Ricotta
1 kleine Handvoll Kerbel, fein gehackt
1 kleine Handvoll Minze, fein gehackt
1 grüne Chilischote, fein gehackt
1 kleine Knoblauchzehe, zerdrückt
1 Salatgurke
Saft von 1 Limette
1–2 EL Rotweinessig

Den Backofen auf 180 °C vorheizen.

Die Rote-Bete-Knollen abschrubben und mit etwas Olivenöl, Salz und Pfeffer einreiben. Auf ein Backblech setzen und 30–40 Minuten backen, bis sie weich sind. Gummihandschuhe anziehen, die Knollen schälen und das Fruchtfleisch in kleine Stücke schneiden.

Den Ricotta in eine Schüssel geben und mit der Gabel mit 3–4 EL Öl, dem größten Teil der Kräuter, der halben Chilischote und dem Knoblauch vermengen. Mit Salz und Pfeffer abschmecken.

Die Gurke längs halbieren, die Samen mit einem Löffel herausschaben und das Fruchtfleisch in 5 mm dicke Scheiben schneiden.

Limettensaft und Essig mit dem restlichen Öl verrühren und auf zwei Schüsseln verteilen. In der einen die Gurke und in der anderen die Rote Bete wenden. Beides salzen und pfeffern.

Den Ricotta auf einem großen Teller verstreichen. Zunächst die Rote Bete, dann darauf die Gurke anrichten und mit etwas Olivenöl beträufeln. Mit der restlichen Chili und den verbliebenen Kräutern bestreuen und servieren.

Bunter Tomatensalat

Reife, aromatische Tomaten passen verblüffend gut zu Ananas, die entlang der mexikanischen Karibikküste gedeihen und saftig und süß wie Mangos sind. Dieser einfache und verführerische Salat lockt mit leuchtenden Farben, erfrischender Säure und einem fantastischen Geschmack. Er eignet sich gut als Vorspeise oder sommerliches Mittagessen.

Für 4 Personen
Zubereitung: 20 Minuten

1 kleine, reife Ananas
150 g Kirschtomaten
150 g kleine gelbe Tomaten
150 g vollreife Tomaten (grün, gelb oder rot)
1 kleines Bund Koriander, grob gezupft
1 kleine Handvoll Majoran- oder Thymianblätter, grob gehackt
80 g Feta

Für das Dressing:
60 ml natives Olivenöl extra
1–2 EL Rotweinessig
1 gute Prise Zucker
Meersalz und frisch gemahlener schwarzer Pfeffer

Die Zutaten für das Dressing in ein Schraubglas geben, das Glas verschließen und kräftig schütteln.

Die Ananas schälen und längs in vier Spalten schneiden. Den holzigen Strunk aus der Mitte heraustrennen und zwei der Spalten quer in dünne Scheiben schneiden. Die übrigen Spalten für eine andere Verwendung beiseitestellen.

Die kleinen Tomaten halbieren, die größeren vierteln und alle Tomaten vorsichtig mit der Ananas und dem Dressing durchheben. Mit den frischen Kräutern und dem zerkrümelten Feta bestreuen, mit Salz und Pfeffer abschmecken und auf einem schönen Teller anrichten.

TEILEN …

Kleine

ODER NICHT TEILEN!

Viele der folgenden Gerichte finden Sie auf mexikanischen Märkten, aber das Schöne an der Cantina (oder dem eigenen Zuhause) ist, dass man sich dort hinsetzen und sein Essen in aller Ruhe genießen kann.

Gerichte

Die Auswahl ist schier atemberaubend. Mit getrockneten Chilis gewürzte Nudeln werden in kleinen Schalen mit würzigem Käse bestreut, der stark an Pecorino erinnert. Ceviche (siehe Seite 94–96) kommt zusammen mit Crackern und Tortillachips auf den Tisch, mit denen man den nach Limetten duftenden Fisch löffelt und gleichzeitig die Schärfe der Chilimarinade dämpft. Queso fundido (siehe Seite 102), das mexikanische Käsefondue, wird dampfend heiß mit einem Korb voller ofenfrischer Weizentortillas serviert. Diese Gerichte sind genau das Richtige für alle, die ihr Essen nicht gerne teilen (man kann Portionen für eine Person bestellen). Sie eignen sich aber auch für diejenigen, die möglichst viel ausprobieren möchten. Bestellen Sie eine Auswahl, die Sie zusammen mit Ihren Freunden genießen, während Sie die Speisekarte erkunden.

Übertreiben Sie es aber nicht, allzu schnell hat man viel zu viel bestellt. Genießen Sie in vollen Zügen, doch verderben Sie sich nicht den Appetit auf die kommenden Gänge.

Garnelen-Enchipotlada

Hat man erst einmal die Mojo fertig, ist das eines der schnellsten Gerichte, die es gibt, und es kommt immer gut an. Buttrige Garnelen mit Knoblauch und Chili – genau unser Ding!

Für 4–5 Personen
Zubereitung: 10 Minuten

- **450 g rohe geschälte Garnelen**
- **2 EL Oliven- oder Sonnenblumenöl**
- **2 EL Tequila reposado**
- **3–4 EL Mojo de Ajo (siehe Seite 205)**
- **1 TL Chipotles en Adobo (siehe Seite 214) oder mehr, wenn es feurig scharf sein soll**
- **Saft von 1 Limette**
- **1 EL Butter**
- **Salz und frisch gemahlener schwarzer Pfeffer**
- **1 Handvoll Koriandergrün, gehackt**
- **warme Tortillas, Reis oder frisches Brot zum Servieren**

Zunächst die Garnelen aromatisieren: Eine große Pfanne bei hoher Temperatur erhitzen, dann das Öl hineingeben. Sobald es siedet, die Garnelen darin 2–3 Minuten anbraten. Die Pfanne schwenken, um die Garnelen zu wenden, dann den Tequila zugeben – man kann ihn entzünden, das muss aber nicht sein. Nach kurzer Zeit die Mojo de Ajo und die Chipotles unterrühren. Weitere 30 Sekunden erhitzen, dann Limettensaft und Butter hinzugeben. Aufkochen, 30 Sekunden köcheln lassen und vom Herd nehmen. Mit Salz und Pfeffer abschmecken.

Die Garnelen-Enchipotlada mit Koriander bestreuen und sofort mit warmen Tortillas, Reis oder knusprigem Brot servieren. Lecker!

Krebsfleisch-Salpicón

Ein Salpicón ist ein Salat, den man in weichen, warmen Tacos oder auf knusprigen Tostadas serviert. Man kann ihn kalt essen, aber ich mag ihn am liebsten warm und feurig, mit süßem Krebsfleisch, fruchtiger Habanero und Zitrusaromen. Aus dieser schönen Vorspeise wird mit etwas Reis als Beilage eine komplette Mahlzeit.

Für 6–8 Personen als Vorspeise
Zubereitung: 25 Minuten

2 große oder 5 kleine Schalotten
1 Fenchelknolle
4 reife Eiertomaten
½ Habanero- oder Scotch-Bonnet-Chili
natives Olivenöl extra
1 kleine Handvoll Oregano oder Thymian, fein gehackt
Meersalz
1 TL Achiote-Paste (siehe Seite 120) oder gehackte Chipotle-Chilis (nach Belieben)
Saft von 2 Limetten
Saft von 1 Orange
3 ausgelöste Taschenkrebse (etwa 400 g Krebsfleisch)
1 kleine Handvoll Koriandergrün, grob gehackt
frisch gemahlener schwarzer Pfeffer
Tostadas (siehe Seite 48, Schritt 1) oder warme Tortillas zum Servieren

Die Schalotten schälen, fein hacken und beiseitestellen. Den Fenchel putzen (die harte äußere Schicht wegwerfen) und fein hacken. Die Tomaten für 20 Sekunden mit kochendem Wasser übergießen, dann enthäuten, vierteln, von den Samen befreien und 1 cm große Würfel schneiden. Die Habanero fein hacken (danach sofort gründlich die Hände waschen).

3–4 EL Olivenöl in einen Topf geben und bei mittlerer Temperatur erhitzen. Die Schalotten einige Minuten darin anschwitzen, dann Fenchel, Chili und Oregano hinzugeben. Salzen und einige Minuten garen, bis der Fenchel weich zu werden beginnt. Jetzt Achiote-Paste (falls verwendet), Zitrussäfte, Krebsfleisch, Tomaten und Koriander hinzugeben und 1 weitere Minute sanft erhitzen. Mit Salz und Pfeffer abschmecken und mit knusprigen Tostadas oder warmen Tortillas servieren.

Muschel-Garnelen-Aguachile

Es ist schon fast sieben Jahre her, dass mir Enrique Olvera, ein großartiger Koch in Mexiko City, gezeigt hat, wie man Aguachile (»Feuerwasser«) zubereitet. Dieses Rezept ist wunderbar simpel: Man mixt aus Limettensaft und Chili eine herrlich erfrischende Marinade für die Meeresfrüchte. In kleinen Gläsern oder Schalen anrichten und fertig ist eine tolle Vorspeise.

Für 6 Personen als Vorspeise
Zubereitung: 30 Minuten + 1–4 Stunden Kühlzeit

200 g ausgelöste Jakobsmuscheln
200 g rohe ungeschälte Riesengarnelen
Saft von 4 Limetten (etwa 200 ml)
1–2 grüne Chilischoten, grob gehackt
Fischsauce
1 TL grobes Meersalz
$2\frac{1}{2}$ EL Demerarazucker
1 kleine oder ½ große Gurke
2 EL Tequila reposado
1 große oder 4 kleine Schalotten, in schmale Streifen geschnitten
12 Kirschtomaten, geviertelt
1 Handvoll Kerbel, Koriander oder Minze (oder eine Kombination)
1 Hass-Avocado, gewürfelt
Totopos (siehe Seite 45) oder gebuttertes Körnerbrot zum Servieren

Das feste Gewebe von den Muscheln abtrennen. Den Rogen abschneiden (beiseitestellen und zum Beispiel zusammen mit etwas Speck gebraten auf einen Salat geben). Die Garnelen schälen und mit der Spitze eines scharfen Messers den schwarzen Darm auf der Rückseite entfernen. Muscheln und Garnelen waschen und in 1 cm große Würfel schneiden.

Den Limettensaft in den Mixer gießen, die Hälfte der Chiliwürfel, Fischsauce, Salz, Zucker und ein 5 cm großes Stück Gurke dazugeben. Alles pürieren und den Tequila untermixen. Mit den restlichen Chiliwürfeln die Schärfe anpassen. Die Marinade sollte sehr scharf sein, aber auch noch fruchtig schmecken. Mit Fischsauce, Salz und Zucker abschmecken. Das Ziel ist eine erfrischende, aber nicht beißende Säure. Der Tequila gibt einen unglaublich tollen Geschmack, sollte also von hoher Qualität sein.

Die Marinade in eine Schüssel geben. Schalotte, Tomaten und die Meeresfrüchte unterheben. Die restliche Gurke längs halbieren, die Samen mit einem Löffel herausschaben und das Fruchtfleisch in 5 mm dicke Scheiben schneiden. In die Marinade geben, abdecken und 1–4 Stunden im Kühlschrank marinieren, damit der Limettensaft die Meeresfrüchte »garen« kann.

Kurz vor dem Servieren die Kräuter grob hacken und den größten Teil ins Aguachile rühren. Kleine Portionen auf Gläser oder Schalen verteilen und die Avocadowürfel darauf anrichten. Mit den restlichen Kräutern bestreuen und mit Totopos oder gebuttertem Körnerbrot servieren.

Seebarsch-Ceviche

Ich habe mein erstes Ceviche (Ze-wih-tscheh) an einem Pazifikstrand in Mexiko gegessen und war sofort von dem frischen, feurigen Geschmack von Limettensaft und Chili und dem zarten Fisch begeistert. Hier »gart« der Limettensaft den rohen Fisch. So entsteht ein wunderbar leichtes Gericht, das kaum Arbeit macht, aber voller Geschmack steckt. Mexikanische Vanille mildert etwas die Intensität der Limette.

Für 4 Personen
Zubereitung: 15 Minuten + etwa 2 Stunden Kühlzeit

- **300 g Seebarsch, filetiert und gehäutet (4 kleine Filets)**
- **2 Tropfen Vanilleessenz (siehe Seite 141)**
- **Saft von 3 Limetten**
- **Saft von ½ Grapefruit**
- **1–2 Jalapeño- oder thailändische grüne Chilis, fein gehackt**
- **½ rote Zwiebel, in dünne Streifen geschnitten**
- **Meersalz und frisch gemahlener schwarzer Pfeffer**
- **2 EL Olivenöl**
- **etwa ½ EL Balsamessig**
- **4–5 Radieschen, in dünne Scheiben geschnitten**
- **1 große Handvoll Koriandergrün, gehackt**
- **Salzcracker, Totopos (siehe Seite 45) oder Brot zum Servieren**

Die Fischfilets nebeneinander auf einem Teller auslegen und für etwa 45 Minuten ins Gefrierfach stellen. Die Filets hauchdünn aufschneiden und auf einer großen Platte anrichten. Die Vanilleessenz mit den Zitrussäften verrühren und über den Fisch gießen. Mit der Hälfte der Chiliwürfel und den Zwiebelstreifen bestreuen, gut salzen und pfeffern und 1 Stunde im Kühlschrank marinieren.

Kurz vor dem Servieren etwa die Hälfte der Marinade abgießen, den Fisch mit Olivenöl und Balsamessig beträufeln und mit den restlichen Chiliwürfeln, den Radieschen und dem Koriander bestreuen. Mit Salzcrackern, frisch gemachten Totopos oder knusprigem Brot servieren, um die feurig scharfe Sauce aufzutunken.

Oktopus-Ceviche

Tiefgekühlter Oktopus ist hier besser als frischer, weil das Fleisch durch das Einfrieren zarter wird und auf der Zunge zergeht. Dieses Gericht ist keine Ceviche im eigentlichen Sinn, denn der Oktopus wird in diesem Fall gekocht, bevor er in die Marinade kommt.

Für 6–8 Personen
Zubereitung: 2 Stunden

1 kleiner tiefgekühlter Oktopus (etwa 1,5 kg)
1 Zwiebel, in Streifen geschnitten
1 TL Pfefferkörner
4 Lorbeerblätter
4 große reife Tomaten
Saft von 1–2 Limetten
10 dicke schwarze Oliven (vorzugsweise Kalamata), entkernt und gehackt
2 EL Kapern
1 grüne Chilischote, sehr fein gehackt
2 kleine Schalotten, fein gehackt
1 kleine Handvoll Majoran oder Thymian

Für das Aioli:
2 dicke Knoblauchzehen
2 Eigelb
Saft von ½ Limette
1 EL Rotweinessig
200 ml Sonnenblumenöl
175 ml natives Olivenöl extra
Meersalz und weißer Pfeffer
Totopos (siehe Seite 45) oder Tostadas (siehe Seite 48) zum Servieren

Den Oktopus vollständig auftauen lassen, dann in einem Topf mit kaltem Wasser bedecken. Zwiebel, Pfefferkörner und Lorbeerblätter hinzugeben, aufkochen und die Temperatur sofort zurücknehmen. 60–90 Minuten sanft köcheln lassen, bis der Oktopus zart ist. Im Sud abkühlen lassen.

In der Zwischenzeit für das Aioli den Knoblauch mit Eigelben, Limettensaft und Essig im Mixer und glatt pürieren. Die Öle in einen Messbecher geben und bei laufendem Gerät sehr langsam in den Mixer träufeln, bis das Eigelb emulgiert, dann das Öl in einem gleichmäßigen, dünnen Strahl hinzugießen. Das Aioli mit Salz und Pfeffer abschmecken und bei Bedarf mit einigen Löffeln Wasser auf eine sahneartige Konsistenz verdünnen. Beiseitestellen.

Die Tomaten auf der Unterseite kreuzförmig einritzen, in einer hitzebeständigen Schüssel mit kochendem Wasser bedecken und 20–30 Sekunden stehen lassen. Die Tomaten häuten und von den Samen befreien, das Fruchtfleisch grob hacken.

Den Oktopus abtropfen lassen. Den Kopf abtrennen und wegwerfen, den Rest in mundgerechte Stücke schneiden. Mit Tomaten, Limettensaft, Oliven, Kapern, Chili, Schalotten und Majoran in eine Schüssel geben, salzen und pfeffern.

Das Ceviche auf einer Servierplatte anrichten, mit Aioli beträufeln und mit knusprigen Totopos oder Tostadas servieren.

Lachs-Avocado-Ceviche

Diese pikante Ceviche ist schön anzusehen und ganz schnell gemacht. Sojasauce und Sesamöl werden in Mexiko City gern verwendet, dank der vielen asiatischen Einflüsse. Beides passt perfekt zu rohem Fisch, cremiger Avocado und scharfen, frischen Chilis. Ich verwende für dieses Rezept auch gerne Meerforelle oder sehr frische Makrele. Diese Fische sind in der Regel preiswerter und belasten die Umwelt weniger als Zuchtlachs.

Für 4 Personen
Zubereitung: 25 Minuten

300 g Wildlachs oder Bio-Zuchtlachs
Saft von 1 Limette
Meersalz und frisch gemahlener schwarzer Pfeffer
Maistortillas oder Pitabrote
natives Olivenöl extra
1 Avocado
2 Frühlingszwiebeln, fein gehackt
1–2 kleine scharfe grüne Chilischoten, in dünne Ringe geschnitten
1–2 TL Sojasauce
1 TL Sesamöl
1 großes Bund Koriandergrün, gehackt

Den Backofen auf 200 °C vorheizen.

Die Lachsfilets häuten, dann quer zur Faser sehr dünn aufschneiden. Die Stücke attraktiv auf Tellern anrichten und mit der Hälfte des Limettensafts beträufeln. Salzen und pfeffern und für 10 Minuten in den Kühlschrank stellen.

Die Tortillas mit Olivenöl bepinseln und 5 Minuten im Ofen backen, bis sie knusprig und goldgelb sind. Achtung: Sie verbrennen sehr schnell!

Kurz vor dem Servieren die Avocado vierteln und schälen, dann das Fruchtfleisch in dünne Spalten schneiden. Fächerförmig auf dem Lachs anrichten und alles mit Frühlingszwiebeln und Chiliringen bestreuen. Mit dem Rest des Limettensafts, der Sojasauce und dem Sesamöl besprenkeln, mit etwas Olivenöl beträufeln und mit Koriander bestreuen. Sofort mit den knusprigen Tortillas servieren.

Fettuccine mit Guajillo-Chilis

Pastagerichte sind in Mexiko City der Hit. Hier ist ein exotisches, aber recht einfaches Rezept mit einer der Lieblings-Chilis der Mexikaner, der Guajillo, einer milden Schote, die Speisen eine spektakulär tiefrote Farbe gibt. Ich liebe den herrlich erdigen Geschmack dieses Gerichts.

Für 6 Personen
Zubereitung: 45 Minuten

15 Guajillo-Chilis
3 Knoblauchknollen, Zehen getrennt
50 g Butter
280 ml natives Olivenöl extra
Meersalz und frisch gemahlener schwarzer Pfeffer
700 g Fettuccine
1 große Handvoll Koriandergrün, fein gehackt

Zum Servieren:
200 g Parmesan oder Grana Padano, gerieben
2 Limetten, in Spalten geschnitten

Die Chilis mit einem feuchten Tuch abwischen, Stiele und Samen entfernen. Die Schoten im Mixer fein zerkleinern, mit kochendem Wasser bedecken und 10 Minuten quellen lassen, bis sie sich recht weich anfühlen. Abgießen und das Wasser auffangen. Die Knoblauchzehen mit einer Teigrolle oder einem Stößel zerdrücken und die Schale abziehen. Den Knoblauch mit dem Messer oder im Mixer fein hacken.

Butter, Olivenöl und 1 gehäuften TL Salz in einem großen Topf bei mittlerer Temperatur erhitzen. Das Öl nicht zu stark erhitzen, da es sonst seinen Geschmack verliert. Sobald es warm ist, den Knoblauch hineingeben und etwa 5 Minuten anschwitzen (das Öl darf nur sehr leicht an der Oberfläche sieden). Die Chilis hinzugeben und 3–5 Minuten weiterbraten, bis der Knoblauch weich und goldbraun ist. Vom Herd nehmen und mit Salz und reichlich Pfeffer würzen.

Kurz vor dem Servieren einen großen Topf mit Wasser zum Kochen bringen und das Chiliwasser sowie 1 TL feines Meersalz hineingeben. Die Pasta hinzugeben und etwa 8 Minuten al dente, also bissfest, garen. Abgießen und eine Tasse des Kochwassers auffangen.

Die Pasta zum Servieren vorsichtig mit dem Chiliöl durchheben. Mit Koriander bestreuen und mit reichlich geriebenem Parmesan und den Limettenspalten servieren. Dazu passt ein grüner Salat.

Spaghetti mit Ricotta & Zucchiniblüten

Als ich dieses Gericht zum ersten Mal zubereitete, nahm ich dazu wunderbar pfeffrige Kapuzinerkresseblüten aus dem Garten, weil die Zucchini nicht mehr blühte. Wenn Sie keine Blüten bekommen können, heben Sie in der letzten Minute Rucola oder gehackte Senfblätter unter die Pasta.

Für 4 Personen
Zubereitung: 35 Minuten

60 g blanchierte Mandeln
120 ml Olivenöl
1 mittelgroße Zwiebel, gehackt
2 dicke Knoblauchzehen, fein gehackt
1 grüne Chilischote, fein gewürfelt
Meersalz und frisch gemahlener schwarzer Pfeffer
4 mittelgroße Zucchini, grob in Scheiben geschnitten
1 Glas trockener, fruchtiger Weißwein (z. B. ein Chardonnay)
abgeriebene Schale und Saft von 1 Bio-Limette
300 g Fusilli
150 g Ricotta
1 gehäufter EL geriebener Parmesan oder Grana Padano
je 1 Handvoll Kerbel und Basilikum, fein gehackt
1 Handvoll Zucchiniblüten, Kapuzinerkresseblüten und -blätter oder Rucolablätter

Die Mandeln in einer trockenen Pfanne oder im Backofen (140 °C) hell goldgelb rösten und beiseitestellen. Sobald sie etwas abgekühlt sind, grob hacken.

Eine große Pfanne bei mittlerer Temperatur erhitzen. Die Hälfte des Öls hineingeben und die Zwiebel bei schwacher Hitze darin anschwitzen. Nach einigen Minuten den Knoblauch und die Hälfte der Chiliwürfel unterrühren und großzügig salzen und pfeffern. Wenn die Chilischote mild ist, kann man später den Rest hinzugeben.

Zwiebel und Knoblauch 10 Minuten anschwitzen, dann die Zucchini und 1 weiteren EL Öl in die Pfanne geben. Mit Salz und Pfeffer abschmecken. Zugedeckt bei schwacher Hitze 5 Minuten köcheln lassen, dann Wein, Limettensaft und -schale hinzugeben. Zugedeckt unter gelegentlichem Rühren 15–20 Minuten garen, bis die Zucchinischeiben weich sind. In der Zwischenzeit die Pasta in reichlich kochendem Salzwasser al dente garen.

Ricotta, Parmesan, 3 EL Olivenöl und fast die gesamten Kräuter unter die Zucchinimischung rühren, dann vorsichtig die Blüten einrühren, einige als Garnitur zurückbehalten.

Die Pasta abgießen und mit etwas Olivenöl beträufeln. Mit der Zucchinimischung vermengen. Mit den restlichen Kräutern und Blüten, etwas zusätzlichem Parmesan und den Mandeln bestreuen und servieren.

TIPP: Dieses Gericht eignet sich als Vorspeise oder leichtes Hauptgericht.

Flower-Power

Die Mexikaner verwenden schon seit Jahrhunderten Blüten in der Küche, seien es Zucchiniblüten, die man fast überall sieht, oder auch die Blüten von Kapuzinerkresse, Hibiskus, Rosen und vielen anderen Pflanzen. Hier isst man alles, was man sich nur denken kann, deshalb ist es für Köche auch völlig normal, in der Natur nach essbaren Pflanzen für ihre Rezepte zu suchen.

Aus getrockneten Hibiskusblüten entsteht ein durstlöschendes Agua fresca (siehe Seite 180), Rosenblüten aromatisieren Saucen, Sirup, Eiscreme und Desserts, Zucchiniblüten werden als Füllung für Tacos und Quesadillas gebraten oder gefüllt und frittiert. Diesen Umgang mit allem, was vor der Haustür wächst, finden wir einfach großartig.

Das Kochen und Garnieren mit Blüten macht viel Spaß, man sollte nur daran denken, dass nicht jede Pflanze essbar ist. Informieren Sie sich also lieber gründlich, bevor Sie etwas pflücken. Wenn Sie sich sicher sind, entfernen Sie Stempel und Staubgefäße und waschen Sie die Blütenblätter unmittelbar vor der Verwendung, damit sie frisch aussehen. Meiden Sie mit Pestiziden behandelte Blüten (auch die im Blumenladen gekauften) und ernten Sie niemals direkt am Straßenrand.

Queso fundido mit Chorizo

Queso fundido ist eine Art mexikanisches Käsefondue. Normalerweise verwendet man dafür einen Brühkäse aus Oaxaca, im Restaurant nehmen wir eine Mischung aus Mozzarella und reifem Cheddar, die wir im Ofen schmelzen und in heiße Tortillas füllen. Man kann sich dabei auf den Käse beschränken oder ihn mit weiteren Zutaten kombinieren, wie es hier der Fall ist. Dieses Gericht gehört zu unseren populärsten und die langsam geköchelte Chorizosauce passt fantastisch zum geschmolzenen Käse.

Für 6 Personen als Vorspeise
Zubereitung: 30 Minuten

3 große Eiertomaten
½ EL Olivenöl
165 g Chorizo, abgezogen und grob gehackt
1 kleine Gemüsezwiebel, klein gewürfelt
2 Selleriestangen, fein gehackt
2 Knoblauchzehen, zerdrückt
½ TL gemahlener Kreuzkümmel
Meersalz und frisch gemahlener schwarzer Pfeffer
3 EL Tequila
1 TL Tomatenmark
2 TL grob gehackter Oregano
125 g Mozzarella, gerieben
75 g Cheddar oder Gouda, gerieben
warme Weizentortillas zum Servieren

Den Backofen auf 180 °C vorheizen.

Die Tomaten auf der Unterseite kreuzförmig einritzen. Mit kochendem Wasser übergießen und bis 20 zählen. Die Tomaten abgießen, unter kaltem Wasser abschrecken, dann enthäuten und klein würfeln.

Einen Topf bei mittlerer Temperatur erhitzen. Öl und Chorizo hineingeben und 5 Minuten braten, damit das Fett austritt, dabei die Stücke mit einem Kochlöffel zerkleinern. Zwiebel, Sellerie, Knoblauch und Kreuzkümmel hinzugeben und weitere 10 Minuten braten, bis die Zwiebel glasig ist. Mit Salz und Pfeffer abschmecken, Tequila, Tomaten und Tomatenmark hinzugeben und kochen, bis fast alle Flüssigkeit verdampft ist und die Sauce dickflüssig wird. Schließlich den Oregano einrühren und erneut abschmecken.

Die Sauce in eine Auflaufform geben. Die beiden Käse in einer Schüssel vermengen und auf die Sauce streuen. 10 Minuten im Ofen backen, bis der Käse geschmolzen ist. (Man kann auch den Backofengrill verwenden.) Mit warmen Weizentortillas servieren.

Hauptg

ZUM SATTESSEN

Als wir unser Restaurant eröffneten, träumten wir davon, Streetfood zu servieren, wie man es auf den Märkten und den Straßen Mexikos bekommt – kleine Leckereien, die man mit Freunden teilt, sodass man möglichst viele unterschiedliche Gerichte ausprobieren kann. Wir wollten aber auch größere Gerichte anbieten: die superleckeren Platos fuertes, sodass man eine große Portion seiner Lieblingsspeise ganz für sich alleine genießen kann, wenn einem der Sinn danach steht.

TEILEN VERBOTEN!

GEBACKENE MEERBRASSE

erichte

In der traditionellen mexikanischen Küche mischt man Fleisch und Sauce im Verhältnis eins zu drei, sodass meist ein kleines Stück Fleisch auf dem Teller liegt, in reichlich Sauce, die mit Chilis, Gewürzen, gemahlenen Nüssen, Kürbiskernen und Sesam und manchmal auch getrockneten Früchten angereichert ist. Das macht die Küche im Vergleich zu Europa preiswerter und grüner, wo wir uns an viel Fleisch mit wenig Sauce gewöhnt haben. Die komplexen mexikanischen Saucen nennt man Moles und sie sind so vielgestaltig wie die Zutaten in den einzelnen Regionen. Die genaue Rezeptur hängt immer davon ab, wo genau man sich gerade befindet und wer am Herd steht.

Bei unserer ersten Belegschaftsreise besuchten wir mit zwölf Mitarbeitern die Kooperative in Oaxaca, die den Mezcal produziert, den wir im Restaurant ausschenken. Obwohl sie arm waren, bewirteten die Bauern uns fürstlich mit einem köstlichen Essen in rustikalen Schalen: ein kleines Stück pochiertes Huhn (sie hatten am Morgen eigens zwei Tiere geschlachtet) in einer für die Region typischen sämigen, leckeren gelben Mole (siehe Seite 114).

Wir löffelten die Mole mit großen, frisch gebackenen Maistortillas, die wir wie Zigarren aufrollten. Gegen Ende der Mahlzeit waren wir so von der überwältigenden Gastfreundschaft der Familie (und vielleicht auch vom fantastischen Mezcal) gerührt, dass die Hälfte von uns Tränen in den Augen hatte. Wir werden dieses Mittagessen nie vergessen.

Gebackene Meerbrasse à la Veracruzana

Dieses wunderbar einfache Rezept können Sie ganz entspannt am Wochenende für Freunde und Familie zubereiten und es ist so lecker, dass man sich noch lange daran erinnern wird. Es gehört zu meinen Favoriten, wenn ich Gäste habe: Der rauchige Mezcal, die süßen Tomaten und die würzigen Jalapeños ergeben eine spektakuläre Geschmackskombination. Sie können hier jeden weißfleischigen Fisch verwenden.

Für 4–6 Personen
Zubereitung: 50 Minuten

1 große oder mehrere kleine Meerbrassen (insgesamt 1,4 kg), ausgenommen und geschuppt
Thymianzweige
Meersalz und frisch gemahlener schwarzer Pfeffer
50 g Butter
150 ml trockener Weißwein
150 ml Mezcal oder Tequila reposado
4 EL natives Olivenöl extra
2 Zwiebeln, fein gehackt
4 Knoblauchzehen, in Scheiben geschnitten
2–3 Lorbeerblätter
½ TL Piment
Majoranzweige, grob gehackt
2 EL kleine Kapern
50 g eingelegte Jalapeño-Chilis
2 Dosen Eiertomaten (à 400 g)

Den Backofen auf 200 °C vorheizen.

Den Fisch von innen und außen waschen und trocken tupfen. Ein großes Stück Alufolie als Umhüllung doppelt schlagen und auf ein Backblech legen. Den Fisch darauflegen, mit Thymian füllen und großzügig von innen und außen salzen und pfeffern. Mit Butterflocken besetzen, mit Weißwein und 50 ml Mezcal übergießen. Die Alufolie über den Fisch schlagen und die Ränder sorgfältig verschließen. 25–30 Minuten backen, bis der Fisch gerade gar ist.

In der Zwischenzeit eine große Pfanne bei mittlerer Temperatur erhitzen. Öl und Zwiebeln hineingeben. Die Temperatur leicht reduzieren und die Zwiebeln 10 Minuten glasig anschwitzen. Knoblauch, Lorbeerblätter, Piment, Majoran, Kapern und Chilis unterrühren. Mit reichlich Salz und Pfeffer würzen und weitere 10–15 Minuten garen, bis die Zwiebeln sehr süß schmecken. Die Tomaten und den restlichen Mezcal in die Pfanne geben, weitere 10 Minuten köcheln lassen, damit der Alkohol verfliegt und die Aromen sich konzentrieren, dann abschmecken.

Den fertigen Fisch auspacken, die Garflüssigkeit aus der Folie in die Tomatensauce geben und durchrühren. Den Fisch in Stücke geteilt mit der Sauce servieren. Dazu passt gekochter Langkornreis.

Gegrillter Seebarsch à la Pimienta

Pimienta heißt Pfeffer, und genau der verleiht dieser Zwiebelsauce eine Menge Charakter und Schärfe. Das Rezept funktioniert mit jedem weißfleischigen Fisch. Wir sind uns im *Wahaca* der Problematik der Überfischung bewusst, deshalb greifen wir lieber zu seltener angebotenen Arten wie etwa Meeräsche statt Schwert- oder Thunfisch. Dieses Gericht findet sich fast immer auf unserer Speisekarte. Es ist leicht zuzubereiten und absolut köstlich.

Für 6 Personen
Zubereitung: 40 Minuten

125 g Kürbiskerne
120 ml natives Olivenöl extra
1 kg Zwiebeln, in dünne Streifen geschnitten
8 dicke Knoblauchzehen, fein gehackt
2–3 grüne Chilischoten, fein gehackt
Meersalz und frisch gemahlener schwarzer Pfeffer
Saft von 3 Limetten
1 EL Butter
1 kg Seebarschfilet
1 kleines Bund Koriandergrün, grob gehackt
Limettenspalten zum Servieren

Die Kürbiskerne einige Minuten in einer trockenen heißen Pfanne goldbraun rösten, bis sie gerade zu platzen beginnen. Abkühlen lassen, dann grob hacken.

In der Zwischenzeit das Olivenöl in einem großen Topf erhitzen. Zwiebeln, Knoblauch und Chili darin unter gelegentlichem Rühren 20–25 Minuten anschwitzen, bis die Zwiebeln glasig sind und zu karamellisieren beginnen.

Die Kürbiskerne unter die Zwiebeln rühren und mit Salz und reichlich frisch gemahlenem schwarzem Pfeffer würzen. Der Pfeffer spielt hier die Hauptrolle: Die Sauce braucht einen ordentlichen Kick, um die Süße der Zwiebeln auszugleichen. Limettensaft sowie 100 ml Wasser hinzugeben und 5 Minuten köcheln lassen, bis die Zwiebeln in einem goldenen Sirup schwimmen.

Eine Pfanne erhitzen. Die Butter darin zerlassen und die Fischfilets auf der Hautseite anbraten, bis das Fleisch undurchsichtig wird. Wenden und je nach Dicke des Filets etwa 1 Minute von der anderen Seite braten. Die Filets auf Tellern anrichten und die Zwiebeln, gehackten Koriander und Limettenspalten darauf verteilen. Dazu passt ein leckerer Salat mit Bohnen-Mais-Salsa (siehe Seite 206). Auch die Limetten-Koriander-Kartoffeln (siehe Seite 131) harmonieren sehr gut mit dem Seebarsch.

Gegrillter Lachs in süß-rauchiger Tamarindensauce

Die Mexikaner lieben Tamarinden nicht nur zu Meeresfrüchten und Fleisch, man genießt sie auch mit Chilizucker überzogen als absolut hinreißende Süßigkeit. Die Kombination aus erfrischend saurer Tamarinde und rauchiger Chipotle ist eine der Verbindungen, die im Himmel beschlossen wurden.

Für 6 Personen
Zubereitung: 25 Minuten + 2 Stunden Marinierzeit

1 kg Wildlachs, ausgenommen, geschuppt und in 6 Scheiben geschnitten
Öl zum Braten

Für die Marinade:
4 EL Tamarindenpüree
2 EL japanische Sojasauce
3 EL Erdnuss- oder Sonnenblumenöl
Saft von 2 großen Limetten
4 EL Demerarazucker
1 Stück Ingwer (3 cm), geschält und gerieben
2 Knoblauchzehen, zerdrückt
2 getrocknete Chipotle-Chilis, in heißem Wasser eingeweicht und zu einer Paste zerstoßen
1 Handvoll Minzeblätter, grob gehackt
1 Handvoll Korianderblätter und -wurzeln, grob gehackt
Meersalz und frisch gemahlener schwarzer Pfeffer

Zum Servieren:
Blattgemüse
gedämpfter Reis

Zwei Stunden vor dem Servieren alle Zutaten für die Marinade miteinander verrühren. Den Lachs in eine kleine, flache Schale legen und mit der Marinade übergießen. Abdecken und für 2 Stunden kalt stellen, dabei einmal wenden.

Den Backofengrill vorheizen. Eine große Pfanne stark erhitzen, dann ein wenig Öl hineingeben. Sobald es heiß ist, die Lachsscheiben mit der Haut nach unten hineinlegen und 5–6 Minuten braten. Die Pfanne unter den Grill schieben, sodass der Griff noch herausragt, und den Fisch weitere 3–4 Minuten garen. Aus der Pfanne heben und in Alufolie einschlagen.

In der Zwischenzeit die Marinade durch ein Sieb in einen kleinen Topf abseihen, zum Köcheln bringen und sirupartig einkochen. Den Fisch mit der heißen Sauce übergießen und mit Blattgemüse und Reis servieren. Dazu schmecken Stachelbeer-Avocado-Salsa (siehe Seite 203) oder eine Salsa verde (siehe Seiten 200 und 202).

TIPP: Die Tamarindensauce eignet sich auch gut als Marinade für Rippchen.

¡Oh Mole Mio!

Mole ist das mexikanische Wort für Sauce. Daraus folgt beinahe zwingend, dass mit »Guacamole« eine Avocadosauce gemeint ist (eindeutig die beliebteste Mole bei uns im *Wahaca*).

Moles können einfach, aber auch sehr komplex sein, und eine der aufwendigsten ist zweifellos die Mole negro oaxaqueño, die aus vier bis fünf Arten getrockneter Chili, fünf Arten von Nüssen, Dörrobst, Kochbanane, Kräutern und Gewürzen besteht. Das letzte Mal habe ich ein ganzes Wochenende für die Zubereitung gebraucht – mit drei Helfern, die nur gerührt und gemahlen haben! Im Vergleich dazu ist die Mole amarillo (siehe Seite 114) eine relativ simple Angelegenheit, die mit ein paar getrockneten Chilis auskommt und auf Nüsse oder Früchte verzichtet.

Moles sind für Mexikaner genauso wichtig wie für uns eine gute Bratensauce, deshalb hat auch jeder ein Spezial-Familienrezept, das schon seit Generationen von der Mutter an die Tochter weitergereicht wird. Man bereitet sie nur zu besonderen Anlässen zu, wie Hochzeit, Geburtstag und dem Tag der Toten (dem Allerseelentag am 2. November), und das nicht zuletzt, weil es so viel Mühe und Zeit kostet, alle Zutaten zusammenzutragen und vorzubereiten. Manchen mexikanischen Familien liegt möglicherweise mehr daran, die beste Mole im Dorf zu haben als das höchste Einkommen. Und deshalb gibt es das ganze Jahr über regionale und landesweite Wettbewerbe.

Der Bundesstaat Oaxaca rühmt sich nicht weniger als sieben Moles, die seinen Namen tragen, deshalb scheint es angemessen, dass wir, die seinen Namen adaptiert haben, unsere Mole lieben und verehren. Zurzeit servieren wir eine schwarze Mole, die von einer Kooperative lediger Mütter in Guanajuato hergestellt wird und so köstlich ist, dass wir nicht genug davon bekommen.

Hühnchen mit Erdnuss-Mole

Hier kommt die zeitgenössische Variation eines traditionellen Mole-Rezepts mit nur einer Sorte Nüssen statt fünf und deutlich weniger Chilischoten. In Mexiko wäre das ein Alltagsgericht, während die komplexeren Rezepte Festessen und Feierlichkeiten vorbehalten sind.

Für 6 Personen
Zubereitung: 1 Stunde

1 großes Freiland-Hähnchen (etwa 2 kg)
1 kleine Zwiebel, halbiert
2 Lorbeerblätter
10 Pfefferkörner

Für die Mole:
1 kleine Zwiebel, in 6 Spalten geschnitten
2 große reife Tomaten
6 Knoblauchzehen, ungeschält
6 Pimentkörner
1 Zimtstange
2 Ancho-Chilis
4 Chipotle-Chilis
175 g ungesalzene Erdnusskerne
50 g Schmalz oder 3 EL Olivenöl
50 g Rosinen
Meersalz und frisch gemahlener schwarzer Pfeffer

Zum Servieren:
Koriandergrün, gehackt
1 rote Zwiebel, fein gehackt
saure Sahne oder Crème fraîche

Den Backofen auf 180 °C vorheizen.

Das Hähnchen mit der Zwiebel, den Lorbeerblättern und den Pfefferkörnern in einen großen Topf geben und mit Wasser bedecken. Wer im Kühlschrank noch eine Möhre oder eine Selleriestange findet, kann sie grob hacken und als Aromaspender mit ins Wasser geben. Abgedeckt bei mittlerer Hitze zum Kochen bringen. Die Temperatur reduzieren, sodass das Wasser gerade noch köchelt. 20–25 Minuten köcheln lassen, dann das Hähnchen in der Brühe abkühlen lassen.

In der Zwischenzeit eine große Pfanne erhitzen. Zwiebelspalten, Tomaten und Knoblauch unter gelegentlichem Wenden darin trocken anrösten, bis sie geschwärzt und weich sind. In den Mixer geben, aber vorher die Knoblauchschale abziehen.

Piment und Zimt 20 Sekunden in der trockenen Pfanne anrösten, dann fein mahlen und in den Mixer geben. Anchos und Chipotles wie auf Seite 78 beschrieben vorbereiten und die Samen wegwerfen. Die Hälfte der Chipotles beiseitestellen und die übrigen Chilis in den Mixer geben.

Die Erdnüsse in 1 EL Schmalz anrösten, bis sie rundum leicht gebräunt sind, dann beiseitestellen. Die Rosinen im gleichen Fett rösten, bis sie karamellisieren. Erdnüsse und Rosinen ebenfalls in den Mixer geben und alles pürieren. Dabei gerade genug Hühnerbrühe hinzugeben, um zwischendurch die Messer zu lösen. Es soll eine dickflüssige, sämige Paste entstehen. Mit Salz und Pfeffer abschmecken und die Schärfe mit weiteren Chipotles anpassen.

Das restliche Schmalz in einem hohen Topf erhitzen. Die Sauce hineingeben und 2–3 Minuten erwärmen. Dabei ständig rühren, damit sich nichts ansetzt. Achtung: Die Sauce spritzt. Nach 1 Minute die Temperatur reduzieren. Die Sauce mit 400–700 ml Hühnerbrühe auf die Konsistenz von Sahne verdünnen und mit Salz und Pfeffer abschmecken.

Das Hähnchen tranchieren, die Haut abziehen und das Fleisch entweder in die Sauce auslösen oder die Teile mit Mole übergossen und mit Koriander, Zwiebel und saurer Sahne garniert servieren.

Mole amarillo

Wir lernten diese gelbe Mole am Rand eines Markts in Oaxaca kennen, wo man sie mit Hähnchenfleisch und etwas Maisteig mischte und in Tortillas füllte. Diese wurden zu Empanadas gebacken und mit einem höllisch scharfen Relish aus Chile de Agua und Zwiebeln serviert. Einige Tage später aßen wir sie dann bei unserem Mezcal-Lieferanten, dessen Frau sie über dem offenen Feuer zubereitete. Sie war so gut, dass es einigen aus unserer 14-köpfigen Gruppe die Tränen in die Augen trieb! Die Sauce ist einfach zuzubereiten, ich habe hier nur Chilisorten verwendet, die man auch außerhalb Mexikos problemlos bekommt. Vielleicht setze ich diesen wunderbar heimeligen Schmortopf demnächst auf unsere Speisekarte.

Für mindestens 10 Personen, lässt sich auch gut einfrieren
Zubereitung: 1½ Stunden

1 Zwiebel
2–3 Knoblauchzehen
2–3 Lorbeerblätter
Meersalz
500 g Schweinenacken, in 2–3 cm große Würfel geschnitten
1 großes Hähnchen, in 8 Stücke zerlegt
500 g neue Kartoffeln, in Stücke geschnitten
1 großer Eichel- oder Butternusskürbis, geschält und in Stücke geschnitten
500 g grüne Bohnen, halbiert
1 Blumenkohl, in Röschen geteilt
heiße Tortillas oder gedämpfter Reis zum Servieren

Für die Mole:
6 Guajillo-Chilis
2 Ancho-Chilis
1 TL schwarze Pfefferkörner
8 Gewürznelken
10 Pimentkörner
1 TL Kreuzkümmelsamen
1 große Zwiebel, geviertelt
2 große Tomaten
5 Knoblauchzehen, ungeschält
1 Dose Tomatillos (790 g), abgetropft
1 kleines Bund frischer Oregano oder 1 TL getrockneter Oregano (vorzugsweise mexikanischer)
40 g Schweineschmalz
2 EL Masa Harina (siehe Seite 15)
1 kleine Handvoll Estragon, gehackt
frisch gemahlener schwarzer Pfeffer

Einen großen Topf mit Wasser füllen. Zwiebel, Knoblauch und Lorbeerblätter hineingeben, salzen und zum Köcheln bringen. 10 Minuten köcheln lassen, dann das Schweinefleisch hineingeben. Weitere 15 Minuten sanft köcheln lassen, dann das Hähnchenfleisch dazugeben. 15 Minuten garen, dann in der Brühe abkühlen lassen.

Für die Mole die Chilis wie auf Seite 78 beschrieben rösten und 20 Minuten einweichen. Dann die Gewürze 5–10 Minuten in der trockenen Pfanne rösten, bis sie duften. Fein mahlen und in den Mixer geben. Zwiebel, Tomaten und Knoblauch in die Pfanne geben und wie auf Seite 211 beschrieben trocken anrösten. Heiß in den Mixer geben, aber den Knoblauch vorher schälen. Die Chilis abtropfen lassen und mit den Tomatillos und dem Oregano in den Mixer geben. 5 Minuten fein pürieren.

Das Schmalz in einem Topf zerlassen und das Püree ins sehr heiße Fett geben. Unablässig rühren, damit es nicht spritzt. Bei reduzierter Temperatur 10 Minuten unter gelegentlichem Rühren köcheln lassen. Masa Harina mit etwas Brühe aus dem Fleischtopf zu einer glatten Paste verrühren und zur Mole geben. Zwei Tassen Brühe einrühren, den Estragon hinzugeben und 15 Minuten bei schwacher Hitze kochen. Mit Salz und Pfeffer abschmecken …

In der Zwischenzeit das Gemüse garen: Einen Topf mit Wasser füllen, 1 TL Salz hineingeben und aufkochen. Die Kartoffeln darin garen. Mit dem Schaumlöffel herausheben, dann den Kürbis hineingeben und garen. Mit dem Schaumlöffel herausheben, dann Bohnen und Blumenkohl kochen und herausheben, solange sie noch bissfest sind. Das Gemüse nicht zu lange garen, sonst zerfällt es später.

Das Fleisch abtropfen lassen und in die Mole geben. Durchwärmen und bei Bedarf mit Brühe verdünnen. 5 Minuten vor dem Servieren das Gemüse hineingeben, damit es wieder warm wird. Den Eintopf in tiefen Tellern servieren, dabei darauf achten, dass jeder von beiden Fleischsorten bekommt und auch genügend Gemüse in der Mole schwimmt. Mit heißen Tortillas oder Reis servieren.

TIPP: Traditionell verwendet man für dieses Rezept Hoja santa (Mexikanischen Blattpfeffer). Wenn Sie ihn bekommen können, 3 große Blätter klein schneiden und anstelle des Estragons verwenden.

Entenbrust mit Tomaten-Jalapeño-Oliven-Sauce

Dieses Rezept beruht auf einer Vorlage aus Zarela Martinez' tollem Kochbuch *Zarela's Veracruz*. Ich kaufe dafür meist eine ganze Ente, verwende Brust und Fett für dieses Gericht und verarbeite den Rest zu Confit und Brühe. Das spart nicht nur Geld, es macht obendrein Spaß. Und sollte es gerade an Zeit fehlen, lassen sich die nicht verwendeten Teile erst einmal einfrieren. Sie können aber natürlich auch einfach Entenbrüste kaufen. Die Kombination aus Ente, Tequila und würziger Tomatensauce ist in jedem Fall himmlisch!

Für 4–5 Personen
Zubereitung: 1 Stunde + mindestens 2 Stunden Kühlzeit

2 mittelgroße Entenbrüste (à etwa 240 g)
Meersalz und frisch gemahlener schwarzer Pfeffer
2 EL Entenschmalz oder Olivenöl
5 kleine oder 2 große Schalotten, in Streifen geschnitten
6 Knoblauchzehen, zerdrückt
2 Dosen Eiertomaten (à 400 g)
je 1 kleines Bund Thymian und Majoran, grob gehackt
50 g eingelegte Jalapeño-Chilis, grob gehackt
1 gute Prise brauner Zucker
250–300 ml Hühner- oder Entenbrühe
100 g grüne Oliven, entkernt und grob gehackt
2–3 Lorbeerblätter
100 ml Tequila reposado
Öl zum Einpinseln
gedämpfter Reis zum Servieren

Die Entenbrüste mit Salz und Pfeffer einreiben und für mindestens 2 Stunden, besser über Nacht, in den Kühlschrank stellen.

Den Backofen auf 200 °C vorheizen. Das Fett in einem großen Topf erhitzen. Schalotten und Knoblauch darin bei mittlerer Hitze anschwitzen, bis die Schalotten glasig sind. Tomaten, Kräuter und Chilis hinzugeben, mit Salz, Pfeffer und braunem Zucker würzen. 20 Minuten kochen lassen, dann Brühe, Oliven, Lorbeerblätter und Tequila hinzugeben. Die Temperatur leicht erhöhen und die Sauce 20 Minuten reduzieren, bis sie glänzt.

Die Entenbrüste mit Küchenpapier abtupfen. Die Hautseite mit Öl einpinseln. Eine beschichtete Pfanne bei hoher Temperatur stark erhitzen und die Entenbrüste mit der Haut nach unten 4–5 Minuten anbraten. Wenden und weitere 4–5 Minuten braten, dann in eine ofenfeste Form legen und für 5 Minuten in den Backofen schieben. In der Zwischenzeit das Fett aus der Bratpfanne in die Tomatensauce rühren.

Das Fleisch aus dem Ofen nehmen und mit Alufolie bedeckt 8 Minuten ruhen lassen. Dadurch bleiben die Entenbrüste schön saftig. Anschließend dünn aufschneiden und den ausgetretenen Bratensaft in die Sauce rühren. Das Fleisch mit etwas Sauce übergießen und mit gedämpftem Reis servieren.

Schweinebauch-Carnitas

Carnitas sind eines der verführerischsten Gerichte im mexikanischen Repertoire: Saftiges Schweinefleisch, das wie ein Confit langsam im eigenen Fett schmort. Dazu reicht man wunderbare Stachelbeer-Avocado-Salsa oder, wenn man Tomatillos bekommen kann, meine kräftige Salsa verde.

Für 6–8 Personen
Zubereitung: 2½–3½ Stunden + 1 Stunde Ruhezeit

1 kg Schweinebauch ohne Knochen
Meersalz
500 g Schmalz
2 Lorbeerblätter
5 Knoblauchzehen, zerstoßen
2 Orangen, in Scheiben geschnitten
1 TL Pfefferkörner
500 ml Cola
1 Handvoll Thymianzweige

Zum Servieren:
1 Handvoll Koriandergrün, gehackt
1 weiße Zwiebel oder einige Schalotten, gehackt
Limettenspalten
Stachelbeer-Avocado-Salsa (siehe Seite 203) oder kräftige Salsa verde (siehe Seite 202)
warme Maistortillas

Den Backofen auf 130 °C vorheizen.

Den Schweinebauch in sechs gleich große Stücke schneiden, mit Salz einreiben und 1 Stunde ruhen lassen.

Die Fleischstücke mit den übrigen Zutaten in einen großen Bräter geben und zum Köcheln bringen. Mit einem Deckel oder Alufolie fest verschließen und für 2–3 Stunden in den Ofen schieben, bis sich das Fleisch mit einem Löffel zerteilen lässt.

Die Fleischstücke mit dem Schaumlöffel herausheben und auf einem Backblech verteilen. Die Backofentemperatur auf 190 °C erhöhen und das Fleisch weitere 30 Minuten braten, bis es knusprig, goldbraun und karamellisiert ist.

Das Fleisch grob zerkleinern und auf einem Holzbrett oder einem vorgewärmten Teller anrichten, dazu Schalen mit Koriander, Zwiebel oder Schalotte, Limetten, Salsa und warme Tortillas.

Tinga de Pollo

Diesen Streetfood-Klassiker bekommt man in Mexiko praktisch an jeder Ecke und auch wir haben ihn mit gelegentlichen Unterbrechungen seit der Eröffnung des Restaurants auf der Karte. Das Rezept ist leicht zuzubereiten und es schmeckt einfach toll, wenn die langsam gegarten Zwiebeln ihre Süße zum Feuer der Chipotles hinzugeben. Die Sauce passt auch perfekt zu geschmortem Schweinefleisch.

Für 6 Personen
Zubereitung: 1 Stunde

1 mittelgroßes Freilandhähnchen (etwa 1,5 kg)
1 große Zwiebel, geviertelt
6 Knoblauchzehen, zerstoßen
10 Pfefferkörner

Für die Tinga-Sauce:
4–5 Chipotle-Chilis, von Stielen und Samen befreit
6 große reife Tomaten oder 2 Dosen Eiertomaten (à 400 g)
6 Knoblauchzehen, ungeschält
1 kleine Handvoll frischer Oregano oder 1 TL getrockneter Oregano
2 Lorbeerblätter
Meersalz und frisch gemahlener schwarzer Pfeffer
2 EL Schmalz oder Olivenöl
2 mittelgroße Zwiebeln, in Streifen geschnitten
1–2 EL brauner Zucker oder Palmzucker

Zum Servieren:
gedämpfter Reis
warme Tortillas
Guacamole (siehe Seite 172) oder eine Salsa nach Wahl
Limettenspalten

Das Hähnchen mit Zwiebel, Knoblauch und Pfefferkörnern in einen großen Topf geben und mit Wasser bedecken. (Wer im Kühlschrank noch eine Möhre oder Selleriestange findet, kann sie grob hacken und als Aromaspender dazugeben.) Abgedeckt bei mittlerer Hitze zum Kochen bringen. Die Temperatur sofort reduzieren, sodass das Wasser gerade noch köchelt. Das Hähnchen etwa 20 Minuten köcheln, dann in der Brühe abkühlen lassen. Das Fleisch mit zwei Gabeln klein zupfen und die Brühe beiseitestellen.

Die Chipotles 10 Minuten in kochend heißem Wasser einweichen. Währenddessen eine große Pfanne bei mittlerer Temperatur erhitzen und die frischen Tomaten und Knoblauchzehen wie auf Seite 211 beschrieben trocken rösten. Die geschwärzten Tomaten mit dem geschälten Knoblauch, den Kräutern und den Chipotles in den Mixer geben. Fein pürieren, kräftig salzen und pfeffern.

Das Schmalz in einem großen Topf zerlassen und die Zwiebeln darin glasig anschwitzen. Bei reduzierter Temperatur 10 Minuten köcheln lassen, um den Zucker freizusetzen. Die Paste aus dem Mixer, Zucker und 85 ml Hühnerbrühe hinzugeben, aufkochen und abschmecken. 10 Minuten bei mittlerer Hitze köcheln lassen.

Zum Schluss das Hähnchenfleisch in die Sauce geben. Bei niedriger Temperatur 15–20 Minuten erhitzen, damit sich die Aromen verbinden können. Mit gedämpftem Reis und Tortillas, Guacamole oder einer frischen Salsa und Limettenspalten servieren.

Puerco pibil

Dies ist unser absoluter Bestseller im *Wahaca* und eines meiner Lieblingsrezepte aus Mexiko. Es stammt von der Halbinsel Yucatán und profitiert von zwei lokalen Zutaten: Achiote, einer pikanten Paste aus den Beeren des Annattostrauchs, die die Marinade ziegelrot färbt, und Habanero-Chilis, die ein schönes Feuer beisteuern. Achiote kann man online oder in Feinkostgeschäften kaufen. Wenn es nicht so scharf sein soll, lassen Sie die Chilischote einfach weg. Wir verwenden gut durchwachsenen Schweinekamm. Damit es perfekt wird, das Fleisch am Tag vor der Zubereitung marinieren.

Für 10–12 Personen, lässt sich auch gut einfrieren
Zubereitung: 3½–4½ Stunden + 1 Nacht Marinierzeit

3 kg Schweinekamm, in mehrere große Stücke geschnitten
1 Habanero- oder Scotch-Bonnet-Chili, von den Samen befreit und fein gehackt
50 g Butter

Für die Marinade:
1 TL Pimentkörner
2 TL gemahlener Kreuzkümmel
½ TL Gewürznelken
1 TL Pfefferkörner
100 g Achiote-Paste
3 EL Apfelessig
1 mittelgroße Zwiebel, grob gehackt
3 dicke Knoblauchzehen, grob gehackt
1 großes Bund frischer Oregano oder 1 TL getrockneter Oregano
3 frische Lorbeerblätter
2 EL Meersalz
3 EL Olivenöl
Saft von 6 Orangen (etwa 450 ml)

Zum Servieren:
gedämpfter Reis oder Kartoffeln
rosa eingelegte Zwiebeln (siehe Seite 207)

Für die Marinade die Gewürze einige Minuten in einer trockenen Pfanne erwärmen, dann fein mahlen. Mit Achiote, Essig, Zwiebel, Knoblauch, Kräutern, Salz und Olivenöl in den Mixer geben und mit der Impulsschaltung mixen. Langsam bei laufendem Gerät den Orangensaft hineingießen.

Zwei Drittel der Marinade über das Fleisch gießen, sodass es rundum bedeckt ist. Über Nacht kalt stellen. Die restliche Marinade einfrieren oder bis zu 1 Woche im Kühlschrank aufbewahren (und z. B. für Grillhähnchen verwenden).

Den Backofen auf 130 °C vorheizen.

Das Fleisch mit der Marinade in einen großen Bräter geben, Chili und Butter hinzufügen. Zum Köcheln bringen. Den Topf mit Alufolie und einem passenden Deckel verschließen und für 3–4 Stunden in den Ofen schieben, bis das Fleisch auseinanderfällt.

Die Fleischstücke in tiefen Tellern mit Reis oder gedämpften Kartoffeln, viel Sauce und reichlich eingelegten Zwiebeln servieren.

Herbst-Eintopf mit Pipián

In Mexiko nutzt man schon seit Jahrhunderten Kürbiskerne als Eiweißspender. Sie werden gern zu einer Pipián genannten Sauce verarbeitet, einer Art Mole. Hier steuert sie eine nussige Note bei, die wunderbar zur Süße von Kürbis und Quitte passt. Wenn Sie keine Quitten bekommen, nehmen Sie Äpfel. Dieser leckere vegetarische Eintopf lässt sich mit jeder Art Kürbis zubereiten.

Für 4–6 Personen
Zubereitung: 1 Stunde

2 kg Kürbis
2 große Quitten oder Äpfel
100 ml Olivenöl
½ TL Zimt
1 TL gemahlener Kreuzkümmel
Meersalz und frisch gemahlener schwarzer Pfeffer
2 EL Rotweinessig

Für das Pipián:
3 Ancho-Chilis
2 Chiles de Arbol, Stiele entfernt
120 g Kürbiskerne
4 Knoblauchzehen, ungeschält
1 große Zwiebel, in grobe Stücke geschnitten
700 ml Wasser oder Brühe
2 große Bund Koriandergrün, grob gehackt
1 großes Bund Basilikum, grob gehackt
2 EL Pflanzenöl

Zum Servieren:
grünes Kräuteröl (siehe Seite 204)

Den Backofen auf 200 °C vorheizen.

Den Kürbis schälen und in mundgerechte Stücke schneiden. Quitten (oder Äpfel) schälen, entkernen und in gleicher Größe würfeln. Etwa zwei Drittel des Olivenöls mit Zimt und Kreuzkümmel in eine Schüssel geben und kräftig salzen und pfeffern. Die Kürbisstücke darin wenden und auf einem Backblech verteilen. Das restliche Olivenöl und den Essig in eine zweite Schüssel geben, salzen und pfeffern, dann Quitten oder Äpfel darin wenden. Auf einem zweiten Backblech verteilen. Beide Bleche für 30–40 Minuten in den Ofen schieben, bis die Früchte weich sind, aber noch nicht zerfallen (das Fruchtfleisch zwischendurch mit einem spitzen Messer testen, da die Garzeiten unterschiedlich sind).

In der Zwischenzeit das Pipián zubereiten. Die Anchos wie auf Seite 78 beschrieben rösten, dann mit den Chiles de Arbol in eine Schüssel geben und mit kochendem Wasser bedecken. 10–15 Minuten einweichen.

Die Kürbiskerne 5–10 Minuten in der trockenen Pfanne rösten, bis sie platzen und Farbe annehmen, dann beiseitestellen. In derselben Pfanne Knoblauch und Zwiebel etwa 10 Minuten bei starker Hitze rösten, bis sie geschwärzt sind und der Knoblauch weich ist …

Die Kürbiskerne im Mixer fein zerkleinern. Die abgegossenen Chilis, Zwiebel und Knoblauch (ohne die Schale) hinzugeben und mit ein wenig Wasser oder Brühe pürieren. Die Kräuter hinzugeben und zu einer glatten Paste mixen.

Einen Topf erhitzen, das Pflanzenöl hineingießen. Wenn es heiß ist, die Kürbiskernpaste dazugeben. Etwa 1 Minute kräftig pfannenrühren – Achtung, die Sauce spritzt! Nach und nach mit der restlichen Brühe zur gewünschten Konsistenz verrühren. Kürbis- und Quittenwürfel hineingeben, 10 Minuten durchwärmen und großzügig salzen und pfeffern.

Den Eintopf in vorgewärmten tiefen Tellern servieren. Besonders gut schmeckt er mit Grünem Kräuteröl (siehe Seite 204) beträufelt.

Gefüllte Anchos mit Frijoles refritos & roter Zwiebelkonfitüre

Carolyn (alias »Truffer Lum«) besorgt den Einkauf für das Restaurant und bemuttert unsere Zulieferer, Köche und auch jeden anderen, wenn man sie nur lässt. Carolyn ist einfach unersetzlich für unser Team. Gelegentlich habe ich das Glück, dass sie mich auf der Suche nach neuen Zutaten und Rezepten nach Mexiko begleitet, was sowohl Energie als auch Ausdauer erfordert, da wir uns regelmäßig durch Berge von Speisen futtern. Diese gefüllten Chilis haben wir nach einer solchen Mexikoreise auf die Speisekarte gesetzt. In diesen 14 Tagen haben wir so viel gegessen, dass man uns buchstäblich nach Hause rollen konnte, aber wir haben dabei auch jede Menge neue Inspirationen gefunden. Die gefüllten Anchos sind recht üppig, sodass man sie am besten nur mit einen grünen Salat und etwas Reis serviert.

Für 4 Personen
Zubereitung: 45 Minuten

4 Ancho-Chilis
½ Rezept Frijoles refritos (siehe Seite 134)
1 geröstete Kochbanane
Butter zum Braten
Crème fraîche zum Servieren

Für die rote Zwiebelkonfitüre:
70 g Butter
500 g rote Zwiebeln, halbiert und in dünne Scheiben geschnitten
2 TL Pimentkörner
Blätter von 8–10 Thymianzweigen
Meersalz und frisch gemahlener schwarzer Pfeffer
150 g brauner Zucker
45 ml Sherryessig
150 ml Rotwein

Die Chilis mit 100 ml kochendem Wasser bedecken und 15 Minuten einweichen.

In der Zwischenzeit die Zwiebelkonfitüre zubereiten: Die Butter in einer hohen Pfanne zerlassen. Zwiebeln, Piment und Thymian 10 Minuten bei mittlerer Hitze darin anschwitzen, bis die Zwiebeln am Rand Farbe annehmen. Mit reichlich Salz und Pfeffer würzen und den Zucker einrühren. Weitere 10–15 Minuten braten, bis die Zwiebeln karamellisieren und eine dunkle Farbe angenommen haben. Mit Essig und Wein ablöschen und alles 5–10 Minuten zu einer sämigen Sauce einkochen.

Den Backofen auf 130 °C vorheizen. Die Chilis abgießen und vom Stiel bis zur Spitze einschneiden. Die Samen unter fließendem kaltem Wasser ausspülen, dann die Chilis mit Frijoles refritos füllen. Auf einem Backblech auslegen und 5 Minuten im Ofen durchwärmen.

Währenddessen die Banane schälen und diagonal in acht lange Scheiben schneiden. Die Scheiben von beiden Seiten in der Butter goldgelb braten und karamellisieren. Die Chilis jeweils mit einigen Löffeln Zwiebelkonfitüre, einem Klecks Crème fraîche und einigen Bananenscheiben anrichten.

Bei

WINTERSALAT

Ein bisschen von diesem, ein bisschen von jenem – Beilagen sollen ein Gericht ergänzen und abrunden. In Mexiko bedeutet das in erster Linie Berge von Bohnen, entweder langsam weich gekocht, püriert oder mit Kräutern gewürzt und dann in Fett (vorzugsweise Schmalz mit seinem wunderbaren Geschmack) gebraten. Bohnen stecken voller Eiweiß, schmecken lecker und sind preiswert. Zusammen mit Mais und Chilischoten bilden sie die Basis für eine ausgewogene Ernährung – die Heilige Dreifaltigkeit der mexikanischen Speisekammer.

lagen

Außerdem gibt es in Mexiko eine Fülle von Wildkräutern und Blattgemüsen, die zu Hauptspeisen, aber auch in Tacos, Tamales und Gorditas serviert werden. Blattgemüse ist einfach zuzubereiten und steckt dabei voller Geschmack und gesunder Inhaltsstoffe. Vor allem im Winter ist es unverzichtbar für die mexikanische Küche.

Die in Amerika heimischen Kartoffeln und Süßkartoffeln nehmen Aromen und Schärfe auf, liefern Kohlenhydrate und finden sich in jeder Art von Streetfood. Und dann sind da noch die frischen Salate, wie der federleichte Krautsalat (siehe Seite 128), der wunderbar zu geschmortem Fleisch passt. Dieser erfrischende Ausgleich zu den fleischlastigen Gerichten bietet die für Mexiko klassischen Kontraste in Geschmack, Textur und Schärfe. Die Gäste im *Wahaca* lieben unsere Beilagen. Vor allem die Frijoles refritos (siehe Seite 134) passen zu allem, schmecken einfach überirdisch und sind – abgesehen von ein wenig Fett – ausgesprochen gesund. Unser ganzes Team liebt sie als Snack, mit frisch gebacken Tortillachips aus der Schüssel gelöffelt. Unbedingt zu Hause probieren!

Sommerlicher Krautsalat

Dieser knackig-frische Salat voller Geschmack ist weit von jedem Krautsalat entfernt, den man so in der Imbissbude an der Ecke bekommt. Er schmeckt fantastisch zu Schmorbraten oder als Belag für Tacos und Tostadas – eigentlich schmeckt er immer und zu allem!

Für 4 Personen
Zubereitung: 20 Minuten

1 EL Kürbiskerne
¼ Kopf Weißkohl, in feine Streifen geschnitten
1 Romanasalatherz, in feine Streifen geschnitten
6 große Radieschen, in dünne Scheiben geschnitten
1 kleine rote Zwiebel, in feine Streifen geschnitten
1 große Möhre, in Stifte geschnitten
½ rote Chilischote, in Ringe geschnitten
2 EL gehackte Minze
1 EL gehacktes Koriandergrün

Für das Dressing:
1 TL Kreuzkümmelsamen
1 Eigelb
½ TL Dijonsenf
1 kleine Knoblauchzehe, zerdrückt
1 große Prise Meersalz
2 TL Rotweinessig
Saft von ½ Limette
170 ml natives Olivenöl extra
1 EL saure Sahne

Zunächst das Dressing zubereiten: Den Kreuzkümmel 1 Minute in einer kleinen Pfanne leicht rösten, um sein Aroma aufzuschließen, dann fein mahlen.

Das Eigelb in einer kleinen Schüssel mit Senf, Knoblauch, Kreuzkümmel, Salz, Essig und Limettensaft verrühren, dann langsam mit dem Öl verquirlen. Die saure Sahne einrühren und das Dressing abschmecken.

Die Kürbiskerne 1 Minute in einer trockenen Pfanne rösten, bis sie leicht Farbe annehmen. Einige Kürbiskerne als Garnitur zurückbehalten, die übrigen mit den restlichen Salatzutaten in einer großen Schüssel durchheben. Etwa 10 Minuten vor dem Servieren den Salat mit dem Dressing durchheben und mit Kürbiskernen bestreuen.

Mexikanischer grüner Reis

Dieser Reis wird in ganz Mexiko gegessen und steht auch bei uns im *Wahaca* immer auf der Karte. Der delikate Geschmack passt perfekt zu Fisch oder Hühnchen und das leuchtende Smaragdgrün schmückt jede Tafel.

Für 6 Personen
Zubereitung: 50 Minuten

400 g Basmatireis
600 ml Hühner- oder Gemüsebrühe oder Wasser
Meersalz und frisch gemahlener schwarzer Pfeffer
2 Knoblauchzehen
1 mittelgroße Zwiebel
1 große Handvoll Koriandergrün
1 großes Bund Petersilie oder Spinat
2 EL Olivenöl

Den Reis unter kaltem Wasser abspülen, bis das Wasser klar abläuft. In einem Topf mit Brühe oder Wasser bedecken, kräftig salzen und pfeffern und etwa 12 Minuten kochen, bis er fast gar ist.

In der Zwischenzeit Knoblauch, Zwiebel, Koriander und Petersilie mit einem großen Schuss Wasser in den Mixer geben und dickflüssig pürieren. Das Öl in einem ofenfesten Topf erhitzen und das Püree unter ständigem Rühren 5 Minuten darin anschwitzen.

Den Backofen auf 120 °C vorheizen. Den Reis in den Topf geben und gut durchrühren. Einige Minuten erhitzen, bis er fast alle Flüssigkeit aufgenommen hat. Abschmecken, dann den Topf mit Backpapier und einem Deckel verschließen und den Reis 30 Minuten im Ofen fertig garen. Der Reis kann so bis zu 2 Stunden im Ofen bleiben. Bereiten Sie ihn also ruhig im Voraus zu, er bleibt schön locker und körnig.

Limetten-Koriander-Kartoffeln

Diese Kartoffeln passen wunderbar zum Gegrillten Seebarsch auf Seite 108. Wir haben sie schon unzählige Male zubereitet und sie sind immer ein Erfolg. Das Rezept orientiert sich an meiner Kochbibel, Diana Kennedys *Essential Cuisines of Mexico*.

Für 4–6 Personen
Zubereitung: 40 Minuten

- **700 g neue Kartoffeln, längs halbiert**
- **3 EL Olivenöl, plus Öl zum Servieren**
- **Meersalz und frisch gemahlener schwarzer Pfeffer**
- **2 Schalotten, gewürfelt**
- **2 Knoblauchzehen, fein gehackt**
- **3 Serrano-Chilis, fein gehackt**
- **Saft von 1 Limette**
- **1 großes Bund Koriandergrün, grob gehackt**

Die Kartoffeln 10 Minuten in Wasser legen, um die Stärke herauszuziehen, dann abgießen und trocken tupfen. Einen großen Topf bei mittlerer Temperatur auf den Herd stellen, das Öl darin erhitzen und die Kartoffeln hineingeben. Kräftig salzen und pfeffern und 10 Minuten unter Rühren anbraten, bis die ersten Kartoffeln zu bräunen beginnen. Schalotten, Knoblauch und Chilis hinzugeben und einige Minuten mitbraten, bis die Schalotten glasig sind.

200 ml Wasser und den Limettensaft angießen, abdecken und aufkochen lassen. Die Temperatur sofort reduzieren und die Kartoffeln kochen lassen, bis sie gar sind und das Wasser verdampft ist. Abschmecken, vom Herd nehmen, den Koriander und einen großzügigen Schuss Olivenöl untermischen und sofort servieren.

Süßkartoffelgratin mit Thymian, Chili & Feta

Im Restaurant frittieren wir Süßkartoffeln und beträufeln sie mit selbst gemachter Mojo de Ajo (siehe Seite 205). Das ist das beliebteste Gericht auf unserer Winterkarte. Dieses Rezept ist genauso lecker, macht aber weniger Arbeit: Wir lieben die Kombination aus rauchigen Chipotles und der Süße der Kartoffeln. Wir garen sie in einer Mischung aus Wasser und Olivenöl und das Ergebnis ist einfach wunderbar.

Für 4 Personen
Zubereitung: 1 Stunde

- **1–2 EL Chipotles en Adobo (siehe Seite 214) oder 1 TL fein gehackte Chilischote**
- **150 g Feta**
- **1 großes Bund Thymian, gehackt**
- **120 ml Olivenöl, plus Öl zum Einfetten**
- **250 ml Gemüsebrühe oder Wasser**
- **Meersalz und frisch gemahlener schwarzer Pfeffer**
- **3 große Süßkartoffeln, geschält und in 5 mm dicke Scheiben geschnitten**
- **2 rote Zwiebeln, in dünne Streifen geschnitten**

Den Backofen auf 210 °C vorheizen.

Eine große Backform oder zwei kleine mit Olivenöl einfetten. Chipotles, Feta, Thymian, Olivenöl und Brühe (oder Wasser) im Mixer verquirlen und kräftig mit Salz und Pfeffer abschmecken. Keine Sorge – das schmeckt besser, als es aussieht!

Die Süßkartoffeln abwechselnd mit den roten Zwiebeln und dem Feta-Püree in die Form(en) schichten und jede Lage mit Salz und Pfeffer würzen.

Mit Alufolie abdecken und 45–50 Minuten backen, bis die Kartoffeln in der Mitte weich sind, dabei nach der Hälfte der Zeit die Folie entfernen, damit die Oberfläche knusprig und goldbraun werden kann.

Frijoles refritos

Das ultimative mexikanische Wohlfühlgericht kommt zum Frühstück, zu Mittag und zum Abendessen auf den Tisch, zu besonderen Anlässen auch mit gegrilltem Hummer oder Langustinen. Die Bohnen werden zuerst gekocht, dann püriert und schließlich langsam mit Schmalz oder Butter fertig gegart, um so ihren ganzen Geschmack zu entfalten. Dieses Gericht ist einer unserer ewigen Bestseller und wir haben immer große blubbernde Töpfe voller Bohnenpüree auf Vorrat!

Für 4–6 Personen
Zubereitung: 25 Minuten (bei Verwendung von Bohnen aus der Dose)

- 250 g getrocknete schwarze Bohnen oder 600 g schwarze Bohnen aus der Dose, abgetropft
- 1 Knoblauchknolle, halbiert, plus 2 Zehen, gehackt
- 3–4 Lorbeerblätter (vorzugsweise frisch)
- 1 EL gehacktes Epazote oder Korianderwurzeln und -stiele
- 2 mittelgroße Zwiebeln, 1 geviertelt, 1 fein gehackt
- Meersalz
- mindestens 50 g Schmalz, Butter oder Olivenöl
- frisch gemahlener schwarzer Pfeffer

Zum Servieren:

- 1 EL Butter
- saure Sahne
- 50 g Gruyère, gerieben
- Koriandergrün, gehackt
- Totopos (siehe Seite 45) oder Tortillachips

Getrocknete Bohnen gut abspülen, abtropfen lassen und, falls nötig, Steinchen entfernen. Die Bohnen mit Wasser bedecken und über Nacht einweichen, um die Kochzeit zu verkürzen, dann erneut abtropfen lassen (wenn die Zeit zum Einweichen nicht reicht, ist das auch kein Problem, dann müssen sie halt länger kochen). In einem großen Topf die Bohnen 10 cm hoch mit Wasser bedecken. Knoblauchknolle, Kräuter und die geviertelte Zwiebel hinzugeben und aufkochen. 2–3 Stunden köcheln lassen, bis die Bohnen gerade weich sind. Bei Bedarf Wasser auffüllen und den weißen Schaum abschöpfen, der sich auf der Oberfläche bildet.

Die weichen Bohnen mit reichlich Meersalz würzen und weitere 15–20 Minuten kochen, damit sie den Geschmack aufnehmen können. Wenn das Salz zu früh dazukommt, werden die Bohnen nicht weich. Die Bohnen in ein Sieb abgießen und das Wasser auffangen, Kräuter, Zwiebel und Knoblauch herausnehmen und wegwerfen.

Die gekochten Bohnen (oder die abgetropften Bohnen aus der Dose) in den Mixer geben und zu einem glatten, dickflüssigen Püree verarbeiten, dabei mit etwas Garflüssigkeit oder Wasser verdünnen.

Das Fett in einem großen Topf schäumend erhitzen, dann die gehackte Zwiebel hineingeben. Kräftig salzen und pfeffern und die Zwiebel glasig anschwitzen. Den gehackten Knoblauch hinzugeben und 10 Minuten mitgaren. Das Bohnenpüree hinzugeben und unter ständigem Rühren 10 Minuten erhitzen, bei Bedarf mehr Flüssigkeit angießen. Es sollte ein sämiges Püree entstehen, das leicht von einem Kochlöffel abgleitet. Mit Salz und Pfeffer abschmecken, da die Bohnen viel Würze schlucken.

Kurz vor dem Servieren 1 EL Butter unterziehen, damit das Bohnenpüree schön glänzt, dann mit saurer Sahne beträufeln und mit Käse und Koriander bestreuen. Mit einer Schüssel Totopos oder Tortillachips servieren.

TIPP: Wenn Sie keine Zeit haben, die Bohnen über Nacht einzuweichen, geben Sie ½ TL Natron ins Kochwasser, um den Garprozess zu beschleunigen.

EINE VARIANTE: Für pikante Bohnen Chipotles oder Chiliflocken zusammen mit der Zwiebel anschwitzen.

Mexikanischer Wintersalat

Die leuchtenden Farben von Granatapfel, Radieschen und Orangen machen diesen Salat zu einem echten Hingucker. Er ist leicht und erfrischend und passt großartig zu gegrilltem Hühnchen oder Fisch, macht sich aber auch als leichte Vorspeise sehr gut.

Für 4 Personen
Zubereitung: 15 Minuten

2 Orangen
Meersalz
2 Fenchelknollen, geputzt und in dünne Streifen geschnitten
1 kleine rote Zwiebel, in dünne Streifen geschnitten
1 rote Chilischote, in Ringe geschnitten (nach Belieben die Samen entfernt)
6 große Radieschen, in dünne Scheiben geschnitten
Kerne von 1 kleinen Granatapfel
1 kleines Bund Koriandergrün, grob gehackt
50 g Feta, zerkrümelt
Totopos (siehe Seite 45), in schmale Streifen geschnitten

Für das Dressing:
Saft von 1 Limette
1 Prise Zucker
Meersalz und frisch gemahlener schwarzer Pfeffer
100 ml natives Olivenöl extra

Die Zutaten für das Dressing miteinander verquirlen.

Mit einem scharfen Messer von den Orangen die Schale und die weiße Haut entfernen. Das Fruchtfleisch in dünne Scheiben schneiden und mit den übrigen Salatzutaten (mit Ausnahme einiger Totopos und Granatapfelkerne) in eine große Schüssel geben. Mit dem Dressing übergießen und vorsichtig durchheben. Vor dem Servieren mit den zurückbehaltenen Totopos und Granatapfelkernen bestreuen.

TIPP: Um an die Granatapfelkerne zu gelangen, halbieren Sie die Frucht, halten sie mit der Schnittseite nach unten über eine Schüssel und klopfen mit einem Kochlöffel fest auf die Schale. Die Kerne fallen dann einfach heraus.

De

BUÑUELOS
VANILLA

Wer Mexiko bereist, wird schnell feststellen, dass es hier einen ausgeprägten Hang zu Süßigkeiten gibt.

Da man in Mexiko erst so spät zu Mittag isst, war ich oft schon am späten Vormittag hungrig, und da ich nun mal von Natur aus gierig bin, erwiesen sich Leckereien wie Erdnusskaramell, Walnussmarzipan und Amaranth-Mandeln als unwiderstehlich. Ich liebe mittlerweile auch die seltsam schmeckenden Süßigkeiten mit Salz-Chili-Tamarinden und Mango, die man überall kaufen kann. Sie sind unfassbar lecker und lassen unsere mexikanischen Köche schier durchdrehen, wenn ich ihnen von einer Reise eine Tüte mitbringe.

Auf den Märkten gibt es überall Eiscremestände, die alles anbieten, was einen abkühlt und den Durst löscht. Der Geschmack rangiert von exotisch (Sapote, Zamorra, Mamey, Piña, Papaya und Thunfisch) bis üppig (Crème brûlée, Cajeta, Vanille und Schokolade). Im Restaurant haben wir eine Version mit Cajeta (siehe Seite 154), cremig, karamellisiert und mit dunklen Schokostückchen. Aber unser Bestseller ist ein klassisches Vanilleeis, was uns freut, stammt die Vanille doch aus Mexiko. Wir haben auch experimentiert und selbst Vanilleessenz (siehe Seite 141) hergestellt, die

HOCHZEITSPLÄTZCHEN

sserts

zu vielen Süßspeisen passt und in Flaschen abgefüllt und hübsch beschriftet auch ein tolles Mitbringsel ist.

In den Cantinas buhlt italienisch inspiriertes Gebäck mit Buñuelos (siehe Seite 149) und Schokopudding, Gelees, Churros, gefüllten Pfannkuchen, Reispudding und Crème brûlée (siehe Seite 146) um Aufmerksamkeit.

Aber man begegnet dem süßen Verlangen nicht nur mit Zucker, sondern auch mit Sirup aus Agaven (der Pflanze, die auch den Tequila liefert), um Amaranthmüsli und Cremes zu süßen. Sehr beliebt ist auch der gute Biohonig, der seinen blumigen Geschmack den leuchtend bunten Blüten verdankt, die überall in der wunderschönen Landschaft Mexikos ins Auge fallen. Piloncillo, ein hocharomatischer unraffinierter Rohrzucker, verleiht Speisen eine so tolle Geschmackstiefe, dass ich ihn von jeder Reise mitbringe, um Desserts, aber auch Herzhaftes damit zu veredeln.

Ich garantiere Ihnen: Wenn Sie glauben, Sie hätten für Süßes nichts übrig, werden Sie hier Leckereien entdecken, die Sie eines Besseren belehren!

MANGOS

PASSIONSFRUCHT-CRÈME-BRÛLÉE

Selbst gemachte Vanilleessenz

Ergibt 750 ml
Zubereitung: 5 Minuten + 2–3 Monate Reifezeit

1 Flasche Wodka (750 ml)
6 dicke Vanilleschoten

Vanilleessenz habe ich zum ersten Mal selbst gemacht, als ich mit den größten Vanilleschoten, die man sich vorstellen kann, aus dem Regenwald von Papantla in Veracruz zurückkam. Mexiko ist die Heimat der Vanille. Die Schote ist die Frucht einer grünen Orchidee, die wild am Rand tropischer Regenwälder wächst. Es war faszinierend, sie in ihrer natürlichen Umgebung zu sehen. Nach der Ernte werden die Schoten sorgsam in der Sonne getrocknet. Kein Wunder, dass Vanille so teuer ist (nur Safran ist noch kostspieliger). Wenn Sie einmal zu viele Vanilleschoten gekauft haben, ist dieses Rezept die perfekte Methode, um ihr betörendes Aroma zu konservieren.

Die Vanilleschoten an einer Seite fast bis zum Ende aufschneiden, aber nicht durchtrennen. Etwa eine Verschlusskappe Wodka abgießen, um Platz für die Schoten zu schaffen, dann die Schoten in die Flasche stecken. Fest verschließen und für 2–3 Monate an einem dunklen Ort stehen lassen, bis der Wodka eine dunkle Karamellfarbe annimmt und nach Vanille duftet. Die Essenz passt zu Cocktails, Fleischgerichten und Desserts.

TIPP: Selbst gemachte Vanilleessenz ist ein schönes Mitbringsel. Füllen Sie sie in kleine Flaschen ab, die Sie liebevoll beschriften. So haben Sie immer ein besonderes Geschenk zur Hand.

Mangos in Anis-Chili-Sirup

Während der langen Sommermonate findet man Mangos überall in Mexiko. Aber auch bei uns ist das Angebot ganzjährig gut. Ich kaufe meine Mangos am liebsten auf dem Markt, weil sie viel besser schmecken als die grünen aus dem Supermarkt, die nie wirklich reif werden. Ich serviere die Früchte gerne in diesem würzig-frischen Sirup zusammen mit einer leckeren Eiscreme. Der Tequila verleiht dem Sirup eine wundervolle Komplexität und macht ihn zu einem Zaubermittel für heiße Sommertage.

Für 4 Personen
Zubereitung: 10 Minuten + 45 Minuten Marinierzeit

2 große reife Mangos
60 g Agavensirup
abgeriebene Schale und Saft von 2 Bio-Limetten
1 Sternanis
1 rote Chilischote, von den Samen befreit und fein gehackt
2 EL Tequila

Zum Servieren:
Vanilleeiscreme
1 kleine Handvoll Minzeblätter, klein gezupft

Die Mangos schälen, würfeln und in eine Schüssel geben. In einem kleinen Topf Agavensirup, Limettenschale und -saft, Sternanis, Chili und Tequila zum Köcheln bringen. 5 Minuten köcheln lassen, dann vom Herd nehmen und zum Abkühlen beiseitestellen, damit sich die Aromen entfalten.

Den abgekühlten Sirup über die Mangos gießen und 45 Minuten im Kühlschrank marinieren. Mit Eiscremekugeln und klein gezupften Minzeblättern bestreut servieren.

Würzige Apfeltaschen

Ich habe diese Taschen auf einem Straßenmarkt in Oaxaca entdeckt, aber es gibt sie im ganzen Land mit den unterschiedlichsten Füllungen. Sie sind ein sprechender Beleg für die Vorliebe der Mexikaner für Süßes und schmecken einfach umwerfend mit einem Klecks Crème fraîche.

Ergibt 8 Taschen
Zubereitung: 1 Stunde + mindestens 1 Stunde Kühlzeit

500 g Blätterteig
3 große Kochäpfel, geschält, entkernt und in 1 cm große Würfel geschnitten
1 EL Weinbrand
Saft von ½ Zitrone
2 EL Zucker, plus Zucker zum Bestreuen
15 g Butter
1 Prise Piment
½ TL Zimt
1 Ei, verquirlt

Den Teig zu zwei großen, 3 mm dicken Quadraten ausrollen. Die Ränder mit einem scharfen Messer gerade schneiden, dann jedes Quadrat vierteln. Die Teigstücke auf mit Backpapier ausgelegte Backbleche legen und für mindestens 1 Stunde kalt stellen. Der Teig kann jetzt auch eingefroren werden.

In der Zwischenzeit Äpfel, Weinbrand, Zitronensaft, Zucker, Butter und Gewürze in einen Topf geben und 10–15 Minuten sanft köcheln lassen, bis die Äpfel weich werden und die Flüssigkeit zum großen Teil verkocht ist.

Den Backofen auf 190 °C vorheizen und den Teig aus dem Kühlschrank nehmen. Die Teigstücke rautenförmig auf eine Arbeitsfläche legen. Eine kleine Portion Apfelmus auf die untere Hälfte jeder Raute geben und 5 mm Rand frei lassen. Den Rand mit verquirltem Ei einpinseln, die obere Teighälfte über die Füllung schlagen und die Ränder mit einer Gabel zusammendrücken.

Die Oberseite der Taschen ebenfalls mit Ei einpinseln und mehrfach mit einer Gabel einstechen, damit beim Backen der Dampf entweichen kann. Die Apfeltaschen mit Zucker bestreuen und 15–20 Minuten goldbraun backen.

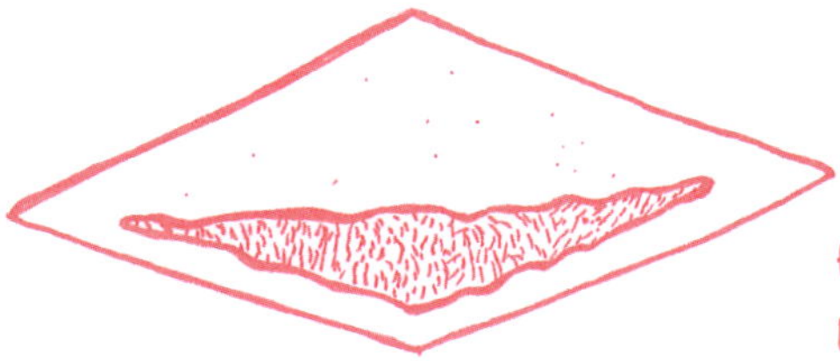

ETWAS APFELMUS AUF DIE UNTERE HÄLFTE GEBEN UND EINEN RAND LASSEN …

DEN RAND MIT EI BEPINSELN …

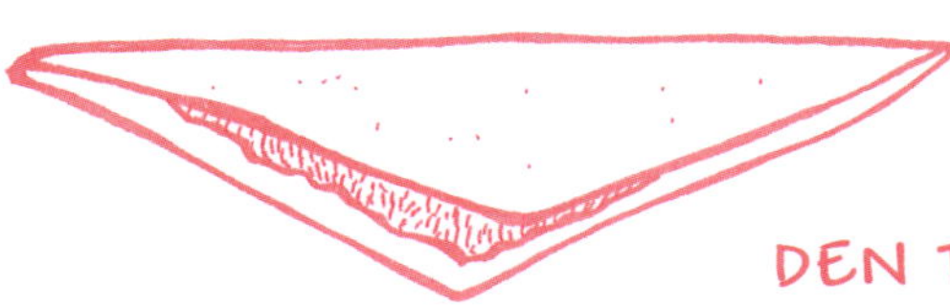

DEN TEIG ÜBER DIE FÜLLUNG SCHLAGEN, DIE RÄNDER ZUSAMMENDRÜCKEN UND DEN TEIG MIT DER GABEL EINSTECHEN.

Passionsfrucht-Crème-brûlée

Diese Crème brûlée ist so lecker, dass ich mehrere Portionen auf einmal essen könnte. Der zitrusfrische Geschmack der Passionsfrucht unterstreicht die Cremigkeit der Sahne. Damit beeindruckt man auch die Schwiegereltern.

Für 6 Personen
Zubereitung: 1½ Stunden + mindestens 2 Stunden Kühlzeit

12 Passionsfrüchte
150 g Zucker, plus Zucker zum Bestreuen
6 Eigelb
300 g Sahne
45 ml Milch
1 Vanilleschote, längs aufgeschnitten
Schale von ½ Bio-Limette, mit dem Sparschäler dünn abgeschält

TIPP: Sie brauchen sechs Ramequin-Förmchen (etwa 4 cm hoch und 8 cm im Durchmesser) und einen Flambierbrenner.

Den Backofen auf 150 °C vorheizen. Die Passionsfrüchte halbieren und das Fruchtmark mit den Samen herauslösen. Etwas mehr als die Hälfte davon mit 3 EL Zucker und 1 EL Wasser in einen kleinen Topf geben. Die Mischung sanft erhitzen, bis sie köchelt. Sie dickt nach einigen Minuten sirupartig ein und wird goldgelb. Den Sirup auf sechs Ramequin-Förmchen verteilen, sodass der Boden bedeckt ist.

In einer großen Schüssel die Eigelbe mit dem restlichen Zucker verquirlen, bis die Mischung hell und cremig ist (ich benutze dafür den Schneebesen, schneller geht es aber mit einem elektrischen Handrührgerät).

In einem Topf Sahne und Milch mit dem restlichen Passionsfruchtmark, der Vanilleschote und der Limettenschale bei mittlerer Temperatur erhitzen, aber nicht aufkochen lassen. Den Topf vom Herd nehmen, das Vanillemark aus der Schote hineinkratzen und die Schote wegwerfen. Die heiße Flüssigkeit nach und nach zu der Eiermasse gießen und dabei kräftig schlagen, damit das Ei nicht stockt. Die Mischung durch ein Sieb in einen Krug abseihen.

Die Förmchen in eine Fettpfanne stellen und die Creme auf die Förmchen verteilen. Die Pfanne bis zur halben Höhe der Förmchen mit kochendem Wasser füllen und vorsichtig auf die mittlere Schiene des Backofens schieben. 20 Minuten backen, bis die Creme fest ist, aber bei Berührung noch wackelt. Aus dem Ofen nehmen und abkühlen lassen, dann für mindestens 2 Stunden, besser über Nacht, in den Kühlschrank stellen.

Die Creme gleichmäßig 1 mm hoch mit Zucker bestreuen. Mit einem Flambierbrenner karamellisieren, bis der Zucker dunkel bernsteinfarben ist und die gesamte Oberfläche bedeckt. Vor dem Servieren abkühlen lassen.

Sommerlicher Frucht-Schnee

Das mexikanische Wort für Schnee ist *nieve* (Ni-eh-ve) und bezeichnet auch eine Art Sorbet. Es ist kinderleicht zuzubereiten und man braucht nicht mal spezielle Utensilien dafür – das perfekte Dessert für heiße Tage. Nieves sind so lecker, dass ich immer gleich eine größere Mengen zubereite. So habe ich immer ein schnelles Dessert auf Vorrat, außerdem kann man damit tolle Tequila-Cocktails mixen. Auch Kinder lieben Nieves, aber dann sollte man den Tequila weglassen …

Für 8 Personen
Zubereitung: 25 Minuten + 3–4 Stunden Gefrierzeit

200 g Zucker
150 g Himbeeren
200 g Erdbeeren
150 g Brombeeren
1 EL Crème de Cassis
1 EL Tequila reposado
Saft von 1 Limette

Zum Servieren:
Schlagsahne
Tequila (nach Belieben)

150 g Zucker und 150 ml Wasser in einem kleinen Topf sanft erhitzen. Wenn der Zucker aufgelöst ist, noch einige Minuten weiterköcheln lassen. Vom Herd nehmen und beiseitestellen.

Die Beeren im Mixer mit dem restlichen Zucker pürieren und dann durch ein Sieb streichen. Zuckersirup, Crème de Cassis, Tequila und Limettensaft hinzugeben und gut verrühren.

Die Mischung in eine flache Form oder Schale füllen und 1–2 Stunden anfrieren lassen. Aus dem Gefrierfach nehmen und die Eiskristalle mit einer Gabel aufbrechen. Wieder ins Gefrierfach stellen und weitere 1–2 Stunden tiefkühlen, dann erneut durchrühren. Den Vorgang wiederholen, bis ein grobes Sorbet entsteht.

Mit Sahne oder auch weiterem Tequila übergossen servieren.

Buñuelos

Buñuelos sind dünne, knusprig frittierte und mit Zucker bestreute Teigblätter, die man in den mexikanischen Cantinas meist mit tropischen Früchten oder mit sehr süßem Fruchtpüree serviert. Ich mag sie mit dieser frischen Himbeersauce, aber sie schmecken genauso gut mit Kirsch-, Brombeer-, Erdbeer- oder Johannisbeercoulis, je nach persönlichem Geschmack und Jahreszeit.

Für 8 Personen
Zubereitung: 30 Minuten + 20 Minuten Ruhezeit

280 g Mehl, doppelt gesiebt
1 EL Zucker, plus Zucker zum Bestreuen
½ TL Backpulver
¼ TL Salz
1 großes Ei
125 ml Milch
½ TL im Mörser zerstoßene Anissamen
375 ml Sonnenblumenöl zum Frittieren

Für das Himbeerpüree:
500 g Himbeeren
75 g Zucker
1 Spritzer Zitronensaft (nach Belieben)
1 Spritzer Crème de Cassis (nach Belieben)

Zum Servieren:
Vanilleeiscreme
frische Beeren

Das Mehl mit Zucker, Backpulver und Salz in eine große Schüssel geben. In einer zweiten Schüssel das Ei mit Milch und Anispulver schaumig aufschlagen.

Eine Mulde in die Mitte des Mehls drücken und nach und nach die Milchmischung mit den Händen einarbeiten, bis ein Teig entsteht. Den Teig 5–10 Minuten auf einer bemehlten Fläche kneten, dann zu etwa 18 Kugeln (à 25 g) formen. Mit einem Küchentuch abdecken und 20 Minuten ruhen lassen.

In der Zwischenzeit die Himbeeren mit dem Zucker im Mixer oder in der Küchenmaschine pürieren, dann durch ein Sieb streichen. Das Püree nach Belieben mit Zitronensaft und Crème de Cassis aromatisieren.

Die Teigkugeln einzeln auf einer leicht bemehlten Fläche zu dünnen, 10–15 cm großen Kreisen ausrollen. 5 Minuten ruhen lassen.

Das Sonnenblumenöl in einer großen, hohen Pfanne erhitzen. Die Temperatur ist richtig, wenn ein Brotwürfel beim Hineingeben brutzelt. Die Teigscheiben nacheinander im heißen Öl frittieren, bis sie aufgehen und von beiden Seiten goldbraun sind, dabei einmal wenden (nicht öfter, sonst werden die Buñuelos pappig). Auf Küchenpapier abtropfen lassen und noch warm mit Zucker bestreuen.

Ein bis zwei Buñuelos auf jeden Teller legen. Wenn sie dabei brechen, sieht das noch rustikaler aus. Eine Kugel Eiscreme, einige Beeren und einen großen Löffel Himbeerpüree darauf anrichten und servieren.

Schoko-Zimt-Parfait

Gefährlich lecker, dieses Dessert. Sobald Sie es einmal probiert haben, wollen Sie immer mehr davon und Ihre Gäste werden zu Freunden fürs Leben! Die Zubereitung nimmt etwas Zeit in Anspruch. Am besten, Sie reservieren sich dafür einen entspannten Vormittag und genießen dabei schon einmal die Vorfreude.

Für 8 Personen
Zubereitung: 1½ Stunden + 2 Stunden Gefrierzeit

350 g Zucker
1 EL Vanilleessenz (siehe Seite 141)
6 EL Kakaopulver
½ TL Zimt
1 gute Prise Meersalz
100 g dunkle Schokolade (mindestens 60 % Kakaoanteil), in kleine Stücke gebrochen
8 Eigelb
500 g Sahne
4 EL Tequila añejo oder brauner Rum

Tipp: Sie brauchen ein Küchenthermometer.

Den Zucker mit 350 ml kochenden Wasser übergießen und unter Rühren auflösen. 50 ml abfüllen und den Rest für Margaritas (siehe Seite 183–185) in den Kühlschrank stellen. Die Vanilleessenz einrühren.

Kakaopulver, Zimt und Salz und einen winzigen Tropfen Sirup in einen beschichteten Topf geben. Unter kräftigem Rühren mit einem Kochlöffel oder Silikon-Schneebesen nach und nach mehr Sirup hinzugießen, bis eine cremige Schokopaste entsteht. Bei schwacher Hitze langsam den restlichen Sirup hinzugeben und gelegentlich rühren, bis die Creme zu köcheln beginnt. Das dauert etwa 15 Minuten. Unter ständigem Rühren 5 Minuten köcheln lassen, dann vom Herd nehmen und die Schokolade hinzugeben. Die Schokolade unter ständigem Rühren vollständig schmelzen, dann lauwarm abkühlen lassen.

In der Zwischenzeit die Eigelbe im Mixer 5–10 Minuten hell und luftig aufschlagen. Nach und nach die Schokomischung einrühren, bis sie vollständig integriert ist. Nicht zu schnell hinzugießen, weil das Ei sonst stockt. Die Mischung in eine Schüssel füllen und auf einen Topf mit köchelndem Wasser setzen (oder bei sehr schwacher Temperatur direkt auf dem Herd erhitzen). Rühren, bis die Masse eine Temperatur von 85 °C erreicht hat und dickflüssig genug ist, um den Rücken eines Kochlöffels zu überziehen. Unablässig rühren, damit das Ei nicht stockt.

Die Masse wieder in den Mixer geben und 1 Minute auf höchster Stufe, 4 Minuten bei mittlerer Leistung und 5 Minuten auf kleiner Stufe schlagen, bis sie eindickt und ihr Volumen vergrößert. In eine in Eiswasser gestellte große Schüssel umfüllen und mindestens 30 Minuten abkühlen lassen.

Sobald die Masse abgekühlt ist, die Sahne steif schlagen. Ein Viertel der Schlagsahne unter die Parfaitmasse ziehen, vollständig einarbeiten und dann ein weiteres Viertel unterziehen. Tequila oder Rum und dann die restliche Sahne gleichmäßig unterziehen.

Die Parfaitmasse in eine flache Gefrierschale füllen, abdecken und mindestens 2 Stunden tiefkühlen. 20 Minuten vor dem Servieren aus dem Eisfach nehmen. Dieses Dessert ist so reichhaltig, dass nur erklärte Schokoholics mehr als eine kleine Portion schaffen.

Mexikanische Hochzeitsplätzchen

Meine liebe Freundin Claire Ptak (alias Claire »Cakes«) hat die federleichten gefüllten Plätzchen zu meiner Hochzeit gebacken. Die Cajeta-Karamellfüllung ist großartig, aber wenn die Zeit knapp ist, kann man auch gekauftes Dulce de Leche verwenden.

Ergibt etwa 24 Plätzchen
Zubereitung: 1 Stunde + 30 Minuten Kühlzeit

225 g weiche Butter
70 g Zucker
1 kleine Prise Salz
310 g Mehl
1 EL brauner Rum
fein abgeriebene Schale von ½ Bio-Orange
100 g Walnusskerne, grob gehackt
350 g Puderzucker, plus Puderzucker zum Bestäuben
150 g selbst gemachte Cajeta (siehe Seite 154) oder Dulce de Leche

Die Butter mit Zucker und Salz cremig rühren, dann maximal 1–2 Minuten mit dem Mehl zu einem Teig verarbeiten. Je weniger man rührt, desto lockerer werden die Plätzchen. Rum, Orangenschale und Walnüsse unterziehen.

Den Teig halbieren und jede Hälfte auf der Arbeitsfläche locker zu 3 cm dicken Rollen formen. Die Rollen mit einem scharfen Messer in 5 mm dicke Scheiben schneiden. Die Scheiben auf beschichteten Backblechen auslegen und 30 Minuten tiefkühlen. In der Zwischenzeit den Backofen auf 170 °C vorheizen und den Puderzucker in eine große Schüssel sieben.

Die kalten Teigscheiben 20 Minuten backen, bis sie fest sind, aber noch keine Farbe angenommen haben. Schnell im Puderzucker wenden, dann auf Kuchengittern abkühlen lassen. Der Zucker darf ruhig ein wenig anschmelzen.

Die Hälfte der abgekühlten Plätzchen mit der Creme bestreichen, die andere Hälfte darauflegen und leicht andrücken. Die fertigen Plätzchen mit zusätzlichem Puderzucker bestäuben, bis sie schneeweiß sind. Sofort servieren oder in luftdicht schließenden Behältern aufbewahren.

Selbst gemachte Cajeta

Cajeta (Ka-cheh-ta) ist eine leckere Karamellcreme mit Ziegenmilch. Sie passt perfekt zu den Mexikanischen Hochzeitsplätzchen (siehe Seite 152), schmeckt aber auch fantastisch auf Crêpes, Tortillas, zu Eiscreme und Obst. Sie erfordert ein wenig Arbeit, aber man kann dabei locker ein nettes Schwätzchen mit einer Freundin halten. Sie sollte nur ein Glas mitbringen, um nachher etwas Cajeta mitzunehmen.

Ergibt 450 g
Zubereitung: 70–80 Minuten

1 l Ziegenmilch
220 g Zucker
1 EL Vanilleessenz (siehe Seite 141)
1 gute Prise Meersalz
½ TL Natron
1 EL brauner Rum

Milch, Zucker, Vanilleessenz und Salz in einem großen Topf bei mittlerer Hitze verrühren. Aufkochen und regelmäßig umrühren, um den Zucker aufzulösen. Währenddessen das Natron in 1 EL kaltem Wasser auflösen.

Die Milch vom Herd nehmen und das Natron schnell einrühren. Die Mischung schäumt auf und man sollte schnell auf den Schaum pusten, bevor etwas überläuft. Sobald sich der Schaum setzt, den Topf wieder auf den Herd stellen.

Die Mischung unter gelegentlichem Rühren 1 Minute köcheln lassen, bis sie einen hellen Karamellton annimmt. Die Temperatur reduzieren und häufiger rühren, damit die Mischung sich nicht ansetzt und anbrennt. Die Cajeta dickt mit der Zeit ein und färbt sich satt karamellbraun. Zum Test mit einem Löffel einen kleinen Tropfen in ein Glas kaltes Wasser fallen lassen: Wenn sich eine weiche Kugel bildet, ist die Cajeta fertig. Den Rum einrühren und den Topf vom Herd nehmen.

Die abgekühlte Cajeta wird fest und lässt sich schlecht löffeln. Einfach wieder erwärmen und teelöffelweise Milch oder heißes Wasser einrühren, bis die gewünschte Konsistenz erreicht ist.

Warm servieren oder in einem sterilisierten Schraubglas bis zu 6 Monate im Kühlschrank aufbewahren.

TIPP: Schraubgläser und Deckel zum Sterilisieren sehr heiß in der Spülmaschine waschen oder 10 Minuten in einem Topf mit Wasser auskochen. Vor der Verwendung abkühlen lassen.

Gegrillte Ananas mit Kokosflocken & dunklem Karamell

Dieses Dessert ist ein süße Sünde und wunderbar einfach zuzubereiten. Hier trifft der Geschmack der gegrillten Ananas auf intensiven dunklen Karamell, und die knusprigen Kokosflocken liefern einen knackigen Biss.

Für 6–8 Personen
Zubereitung: 30 Minuten

30 g große Kokosflocken
25 g Butter, zerlassen
1 reife Ananas, geschält und in 6–8 Scheiben geschnitten

Für den Karamell:
200 g Zucker
4 EL brauner Rum
Saft von 2 Limetten
3 EL kalte Sahne
1 Prise Meersalz

Zum Servieren:
Eiscreme oder Crème fraîche

Die Kokosflocken in einer trockenen Pfanne rösten, bis sie rundum hell goldgelb sind. Beiseitestellen.

Für den Karamell 130 ml Wasser mit dem Zucker in einen Topf geben und den Zucker ohne zu rühren bei mittlerer Hitze schmelzen. Kräftig köcheln lassen, bis der Karamell eine tief goldgelbe Farbe annimmt. Den Topf schwenken, um den Zucker zu verteilen, und weiterkochen, bis der Karamell tief dunkelbraun ist. Die leicht angebrannte Note unterstreicht die Süße sehr schön.

Rum, Limettensaft und Sahne hinzugeben und kräftig rühren. Vorsicht: Der Karamell kann spritzen. Mit einer Prise Salz würzen.

Eine Grill- oder Bratpfanne erhitzen. Die Ananasscheiben mit der zerlassenen Butter bepinseln und braten, bis sie karamellisieren und von beiden Seiten goldgelb sind.

Die Ananasscheiben auf Dessertteller verteilen, mit ein wenig Karamell übergießen und eine Eiskugel oder einen Löffel Crème fraîche daraufsetzen. Mit weiterem Karamell übergießen und mit den gerösteten Kokosflocken bestreuen.

TIPP: Wenn eine Ananas am unteren Ende frisch und süß riecht, ist sie reif zum Verzehr.

SALSAS
100% AGAVE
DRINKS
TEQUILA!
DIE GRÖßTE KNUSPERSCHWARTE DER WELT?
SNACKS

Fiesta

Wir vom *Wahaca* lieben es, zu feiern. Die erste Weihnachtsfeier in unserem Restaurant in Covent Garden war so feuchtfröhlich, dass einige von uns noch am nächsten Morgen Schwierigkeiten hatten, geradeaus zu laufen!

Inzwischen ist das *Wahaca*-Team zu groß, um in einem unserer Restaurants zu feiern, deshalb sind wir immer wieder auf der Suche nach Orten, die geräumig genug sind, um uns alle aufzunehmen. Unsere Gastgeber brauchen ein bisschen Toleranz, und eine Spur Verrücktheit schadet auch nicht. In unserem Team arbeiten Menschen aus allen Ecken der Welt: Mexiko, Spanien, Indien, Osteuropa, Afrika, China, Brasilien, Mittlerer Osten und sogar aus Blighty. Das ergibt eine prickelnde Mischung der Temperamente, nicht zuletzt auf der Tanzfläche. Vielleicht gelingt es uns ja eines Tages sogar, unsere Lieblingsidee umzusetzen: Wir ziehen uns Skelett-Kostüme an und stellen die Tanzszenen aus *Thriller* nach.

Tequila ist der perfekte Drink für Partys, wirkt er doch unvergleichlich inspirierend auf das Bewegungsbedürfnis von Bein und Hüfte. Unsere letzte Mexikoreise lieferte da den schlagenden Beweis. Wir wollten so viele der einheimischen Spezialitäten wie möglich probieren und haben es daher regelmäßig beim Mittagessen ziemlich übertrieben. Deshalb machten wir abends einen Bogen um die Restaurants und suchten lieber die Bars der Umgebung heim. Wir mussten immer wieder neue Teams bilden, da kaum einer von uns mehr als ein paar Nächte in Folge durchfeiern konnte … einmal abgesehen von Elki und Julio, die über die Konstitution von Ochsen verfügen und in jeder durchtanzten Nacht die Rückkehr in ihr Heimatland feierten.

Wir alle liebten die Margaritas (siehe Seite 183), vor allem wenn sie mit supergesundem und leckerem Agavensirup gesüßt und mit Limette, Tamarinde, Passionsfrucht oder Hibiskusblüten aromatisiert waren, aber wir lernten auch, dass man als echter Mexikaner Tequila mit einem Glas Sangrita (siehe Seite 186) zur Begleitung genießt. Auch Bier wird viel und gerne getrunken, entweder pur oder aus einem Glas mit Salzrand und mit dem Saft einer Limette gewürzt.

Unsere nächste Reise steht kurz bevor und dieses Mal wollen wir es sogar bis an den Strand schaffen. Was wir dort essen und trinken, ist dann ein Thema für das nächste Buch!

Sna

In einer klassischen Bar in Mexiko bekommt man immer ein paar salzige, leckere Knabbereien zu den Drinks. Wir lieben die Höllisch scharfen Chilinüsse (siehe Seite 173), die wir jedes Mal geradezu verschlungen haben, und die Knusperschwarte (siehe Seite 168) wurde unser heimliches Laster. In Mexiko serviert man dazu eiskaltes Bier und frische Guacamole (siehe Seite 172) – eine großartige Kombination. Wenn Sie das Ihren Freunden als Snack vor dem Essen servieren, werden Sie sich vor Komplimenten nicht mehr retten können.

cks

Ich bin mir nie sicher, ob die Bars mit diesen Snacks den Durst auf Bier und Tequila ankurbeln oder den Magen stärken wollen, damit die Gäste länger am Tresen durchhalten. Wie dem auch sei, es macht Spaß, diese Knabbereien zu Hause zuzubereiten (sie lassen sich praktischerweise gut im Voraus herstellen), und es macht noch sogar mehr Spaß, sie zu genießen.

Nehmen Sie zum Beispiel die Banane mit Chorizo (siehe Seite 163) oder den mit Kräutern und Knoblauch gewürzten Gebackenen Feta (siehe Seite 166). Das sind die ultimativen Partysnacks. Suchen Sie sich einfach eine Handvoll Rezepte aus diesem Kapitel aus und feiern Sie Ihre eigene Fiesta zu Hause!

HÖLLISCH SCHARFE CHILINÜSSE

Banane & Chorizo

Glück ist … süße gebratene Banane mit lecker salziger Chorizo! Dieser ultimative Party-Snack ist Klassen besser und origineller als langweilige Cocktailwürstchen aus dem Glas. Verwenden Sie am besten sehr reife Kochbananen, die wirklich süß und nicht nur nach Stärke schmecken. Wenn sie beim Einkauf noch grünlich sind, einfach in eine Papiertüte stecken und an einem warmen Ort nachreifen lassen.

Für 8–10 Personen
Zubereitung: 30 Minuten

400 g Chorizo
3 Kochbananen
Öl zum Braten
2 grüne Chilischoten, in sehr feine Ringe geschnitten

TIPP: Sie brauchen Cocktailspieße.

TIPP: Sie können die Bananen- und Chorizoscheiben zwischendurch im Ofen warm stellen. Wer richtig gut organisiert ist, brät einfach alles im Voraus und wärmt Chorizo und Banane dann 10 Minuten bei 170 °C im Ofen auf, bevor sie mit den Chiliringen auf Zahnstocher gesteckt und serviert werden.

Die Chorizo diagonal in 2 cm dicke Scheiben schneiden. Die Bananen auf die gleiche Weise, aber 5 mm dicker schneiden, damit sie in der Pfanne nicht zerfallen.

Die Dunstabzugshaube auf höchste Stufe stellen und eine schwere Pfanne bei hoher Temperatur erhitzen. Die Pfanne dünn mit Öl auspinseln und die Chorizoscheiben portionsweise mit etwas Abstand hineinlegen, sodass sie sich leicht wenden lassen. Die Temperatur auf mittlere Stufe reduzieren und die Wurst 5–10 Minuten von beiden Seiten knusprig braten. Auf einen mit Küchenpapier ausgelegten Teller legen und die restlichen Scheiben braten, dabei zwischendurch das überschüssige Fett in eine hitzebeständige Schale abgießen. Es schmeckt einfach toll und man kann es für viele andere Gerichte verwenden.

Sobald die Chorizo komplett gebraten ist, etwas von dem Fett zurück in die Pfanne geben und die Bananenscheiben 5–10 Minuten bei mittlerer Hitze von beiden Seiten goldbraun braten und leicht karamellisieren. Halbieren, sodass sie etwa die gleiche Größe wie die Wurstscheiben haben.

Jeweils einen Chiliring, dann eine Bananen- und schließlich eine Chorizoscheibe auf Cocktailspieße stecken (die Wurstscheibe verhindert, dass der Rest abrutscht). Mit einem Helfer in der Küche geht das noch schneller. Die Spieße auf einer großen Platte anrichten und den wartenden Gästen servieren.

Bananen-schiffchen

Für 8 Personen
Zubereitung: 80 Minuten

3 große Kochbananen (etwa 750 g)
4 EL Mehl, plus Mehl zum Bestäuben
Meersalz
170 g Ricotta
20 g Pecorino, gerieben
frisch gemahlener schwarzer Pfeffer
Blätter von 1 kleinen Handvoll Thymianzweige
Sonnenblumenöl zum Braten

Wir nehmen jedes Jahr ein Dutzend Mitarbeiter mit auf eine kulinarische Reise nach Mexiko, um neue Rezepte zu entdecken und das wunderbare Essen zu genießen. Wir treffen uns dabei sowohl mit renommierten Köchen als auch mit Imbissbudenbesitzern und werden überall wie Familienmitglieder behandelt.

Diese Bananenschiffchen hat uns die unglaubliche Köchin Margarita Carillo gezeigt. Sie schmecken fantastisch mit einer Knoblauch-Chili-Sauce und Crème fraîche, Sie können sie aber auch als Hauptspeise mit einer pikanten Tomatensauce und Reis servieren. Oder Sie füllen die Banane mit Chorizo – ebenfalls eine tolle Variante.

Die Enden der Bananen abschneiden und die Früchte halbieren. Mit kaltem Wasser bedecken, zum Kochen bringen und 45 Minuten bei mittlerer Hitze köcheln lassen, bis das Fruchtfleisch weich ist. Es macht nichts, wenn die Schale dabei aufplatzt. Die gekochten Bananen schälen, abtropfen und abkühlen lassen, dann mit dem Mehl in den Mixer geben, großzügig salzen und glatt pürieren.

Ricotta und Pecorino vermengen und mit etwas Salz und viel schwarzem Pfeffer abschmecken. Den Thymian hacken und einrühren.

Sonnenblumenöl 2 cm hoch in eine Pfanne füllen und bei schwacher Temperatur erhitzen. Die Hände mit kaltem Wasser befeuchten und das Bananenmus zu acht Kugeln rollen. Die Hände erneut befeuchten und die Kugeln jeweils zu 5–8 mm dicken Ovalen pressen, die fast die ganze Hand ausfüllen. Eine lange Furche in die Mitte jeder Scheibe drücken und jeweils etwa 1 EL der Käsefüllung hineingeben. Die Scheibe einrollen, sodass die Füllung vollständig umschlossen ist.

Die Bananenschiffchen großzügig mit Mehl bestäuben, dann jeweils zu zweit bei mittlerer Hitze unter mehrfachem Wenden braten. Wenn sie zu schnell bräunen, die Temperatur reduzieren. Auf Küchenpapier abtropfen lassen.

Sofort servieren oder später bei 170 °C im Backofen wieder aufwärmen. In diesem Fall hat man die Chance, die Küche zu lüften und die Bratdünste loszuwerden. Außerdem geben die Bananen noch etwas Fett ab, das man mit Küchenpapier abtupfen kann.

Gebackener Feta

In Mexiko gibt es richtig guten Käse, was vor allem den vielen Bauern mit ihren kleinen Viehherden zu verdanken ist. Wir würden unseren Käse nur ungern vom anderen Ende der Welt einfliegen lassen, deshalb suchen wir uns Alternativen in der näheren Umgebung. Hier ist anstelle von mexikanischem Queso fresco der Feta eine gute Wahl. Er schmeckt fantastisch, wenn er das Aroma von Knoblauch, Limette und Majoran aufgenommen hat. Das Gericht ist ganz schnell zubereitet und schmeckt am besten mit ofenfrischem Brot oder warmen Tortillas.

Für 4–6 Personen als leichtes Mittagessen oder für mehr als Snack
Zubereitung: 20 Minuten

500 g Feta
2 Knoblauchzehen
10 Thymianzweige
1 kleine Handvoll frischer Majoran oder ½ TL getrockneter Oregano
2 Chiles de Arbol oder 2 TL Chiliflocken
Saft und abgeriebene Schale von 1 Bio-Limette
120 ml natives Olivenöl extra

Den Backofen auf 180 °C vorheizen.

Den Feta abtropfen lassen, in Scheiben schneiden und in einer Lage in einer ofenfesten Form verteilen. Knoblauch und Kräuter fein und die Chilis grob hacken. Zusammen mit Limettensaft und -schale über den Käse geben. Den Käse mit Olivenöl übergießen.

5–10 Minuten backen, bis der Käse weich ist und verführerisch duftet.

Knusperschwarte

Chicharrón, knusprige Schweineschwarte, liebt in Mexiko jeder. Wenn Sie keine Angst vor ein bisschen Fett haben, sind Sie hier richtig. Ein tolles Rezept, und obendrein günstig, da Schwarte meist kaum etwas kostet.

Ergibt 1 große Schüssel
Zubereitung: 80–90 Minuten + Trockenzeit über Nacht

2 Knoblauchzehen, ungeschält
800 g Schweineschwarte, vorzugsweise von der Keule, 2 cm dick geschnitten
1 gehäufter TL schwarze Pfefferkörner
1 TL Pimentkörner
1 TL Fenchelsamen
1 kleine Handvoll Thymianzweige
2 gehäufte TL Meersalz
abgeriebene Schale von 1 Bio-Orange
4 EL Malz- oder Apfelessig

Die Knoblauchzehen zerstoßen und mit den übrigen Zutaten in einen Topf geben. Die Schwarte, falls nötig, in mehrere Stücke schneiden, damit sie besser in den Topf passt. Mit Wasser bedecken, aufkochen und 45–50 Minuten köcheln lassen, bis die Schwarte weich ist. Das Fett abschaben, ohne die Schwarte zu beschädigen. Die Schwarte in mundgerechte Stücke schneiden und über Nacht auf einem Kuchengitter an einem warmen, luftigen Ort trocknen lassen.

Den Backofen auf 210 °C vorheizen. Die Schwartenstücke nebeneinander auf zwei Backblechen verteilen und 10 Minuten backen, ohne dass sie anbrennen. Ausgetretenes Fett abgießen, die Temperatur auf 160 °C reduzieren und die Schwarte weitere 20 Minuten backen. Darauf achten, dass die Stücke nicht zu dunkel werden. Das Fett abgießen und die Stücke abkühlen lassen. Dieser Schritt ist wichtig, damit die Schwarte richtig aufgeht.

Die ausgekühlten Stücke in den auf 180 °C vorgeheizten Ofen geben und weitere 5–10 Minuten backen. Herausnehmen, sobald sie aufgehen und braun sind (das passiert nicht bei allen, aber sie schmecken trotzdem).

Mit reichlich frischer Guacamole (siehe Seite 172) zu einem Glas Bier servieren. Die Knusperschwarte hält sich in einem luftdicht schließenden Behälter bis zu einer Woche – es sei denn, Sie besitzen so wenig Selbstbeherrschung wie ich.

Gefüllte Chilis

Diese Chilis sind würzig, scharf und lecker. Sie können sie einfach braten, aber erst in Teig ausgebacken sind sie wirklich authentisch und perfekt. Servieren Sie die gefüllten Schoten als Snack oder mit einer einfachen Tomatensauce und Reis als Abendessen. In Mexiko haben wir sie direkt vom Grill gegessen – auch sehr lecker!

Für 4–6 Personen
Zubereitung: 30 Minuten

12 große grüne Chilischoten, vorzugsweise Jalapeño-Chilis
Meersalz
150 g Frischkäse
30 g Grana Padano, gerieben
je 1 kleines Bund Kerbel und Schnittlauch, fein gehackt
3 Eier, getrennt
Sonnenblumenöl zum Braten
1–2 EL Mehl

Zum Servieren:
warme Tortillas
eine milde Salsa, z. B. frische Salsa verde (siehe Seite 200)
saure Sahne

Die Chilis am oberen Ende einstechen, einmal halb herumschneiden und dann bis zur Spitze aufschneiden. Die Samen entfernen, den Stiel intakt lassen. In einen Topf mit Wasser legen, mit mehreren großzügigen Prisen Salz würzen und aufkochen. 5 Minuten köcheln lassen, bis sie weich sind (die Fenster öffnen, da ein beißender Dampf entsteht), dann abgießen.

Den Frischkäse mit Grana, Kerbel und Schnittlauch vermengen und leicht salzen. Die Chilis jeweils mit einem gehäuften Teelöffel der Mischung füllen.

Das Eiweiß steif schlagen. Eine gute Prise Salz hinzugeben, dann die Eigelbe eins nach dem anderen gründlich untermischen.

In eine schwere Pfanne 5 cm hoch Öl füllen und erhitzen. Die gefüllten Chilis im Mehl wälzen, dann in den Eierteig tauchen und komplett damit überziehen. Schnell in kleinen Portionen ins heiße Öl geben und rundum goldgelb ausbacken (wenn sie zu schnell bräunen, die Temperatur reduzieren). Auf Küchenpapier abtropfen lassen und leicht salzen.

In warmen Tortillas und mit einer milden Salsa und etwas saurer Sahne servieren.

Eingelegtes Gemüse

Diese kräftig gewürzte Mischung ist der perfekte Snack zum Aperitif, aber auch eine prima Beigabe zu Tacos und Quesadillas. Sauer eingelegtes Gemüse wirkt auf mich immer sehr britisch (ich denke da an Piccalilli und eingelegte Zwiebeln, von unserer Vorliebe für Chutneys ganz zu schweigen), aber es ist auch typisch mexikanisch, und ich kann nicht genug davon bekommen. Die Zubereitung ist unkompliziert und das Gemüse hält sich im Kühlschrank bis zu einen Monat.

Ergibt 1 großes Einmachglas
Zubereitung: 35 Minuten + 3 Tage Reifezeit

100 ml Olivenöl
2 große rote Zwiebeln, halbiert und in 5 mm dicke Scheiben geschnitten
½ Blumenkohl, in Röschen geteilt
2 große Möhren, schräg in Scheiben geschnitten
12 Knoblauchzehen, längs halbiert
10–12 Jalapeño-Chilis, schräg in Ringe geschnitten
1 Bund Radieschen, geputzt und halbiert
1 TL Koriandersamen
½ TL Pfefferkörner
6 Pimentkörner
3 Lorbeerblätter
4 Thymianzweige, plus 1 Prise getrockneter Oregano (nach Belieben)
2 EL brauner Zucker
2 EL Meersalz
1 TL Dijonsenf
500 ml Apfelessig
50 ml Sherry

Das Öl in einem großen Topf erhitzen. Zwiebeln, Blumenkohl, Möhren, Knoblauch, Chilis und Radieschen hineingeben. 5–10 Minuten bei mittlerer Hitze anschwitzen, bis das Gemüse weich ist, aber noch Biss hat. Koriander, Pfeffer und Piment im Mörser oder in der Gewürzmühle zerstoßen. Mit den restlichen Zutaten und 250 ml Wasser in den Topf geben, zum Köcheln bringen und etwa 1 Minute garen, dann vom Herd nehmen.

Den Geschmack mit weiterem Zucker, Salz oder Essig ausbalancieren. Abkühlen lassen, dann in ein sterilisiertes Einmachglas (siehe Seite 154) füllen und kalt stellen. 3 Tage in Ruhe reifen lassen, damit sich die Aromen voll entfalten können.

Guacamole

Die Mexikaner verwenden Avocados in allen möglichen Rezepten, aber die Guacamole ist der unangefochtene Superstar. Das Geheimnis liegt in der Verwendung reifer Früchte, frischem Koriander und frisch gepresstem Limettensaft. Dazu ein Mörser, in dem alles zusammenkommt. Hat man alle Grundzutaten zur Hand, kann man mit den Details, wie der Konsistenz, nach Lust und Laune herumspielen. In Mexiko schmeckt keine Guacamole wie die andere. Ich liebe besonders unsere Sommervariante mit der fruchtigen Frische der Tomaten. Im *Wahaca* machen wir sie zwei Mal am Tag frisch, da sie sich nicht lange hält. Es gibt wohl keinen einfacheren und dabei verführerischeren Snack!

Für 6 Personen
Zubereitung: 20 Minuten

- **1–2 grüne Chilischoten, fein gehackt**
- **½ rote Zwiebel, sehr fein gehackt**
- **1 kleine Knoblauchzehe (nach Belieben)**
- **1–2 TL Meersalz**
- **3 reife Hass-Avocados**
- **Saft von 1–2 Limetten**
- **1 kleine Handvoll Koriandergrün, gehackt**
- **1 sehr reife Tomate, von den Samen befreit und gewürfelt**
- **frisch gemahlener schwarzer Pfeffer**
- **Totopos (siehe Seite 45) oder Knusperschwarte (siehe Seite 168) zum Servieren**

Vorsichtig die Spitze einer Chilischote probieren, um die Schärfe zu testen. Wenn sie sehr scharf sind, kann man die Menge reduzieren oder die Samen entfernen. Die Hälfte der Chilis, ein Viertel der Zwiebel, den Knoblauch und das Salz in den Mörser geben und zu einer groben Paste zerstoßen.

Die Avocados aufschneiden, die Steine entfernen und das Fruchtfleisch in den Mörser auslösen (oder in eine große Schüssel, wenn der Mörser zu klein ist). Grob mit der Gabel zerdrücken und dabei die Hälfte des Limettensafts einarbeiten. Sobald eine grobe Guacamole entsteht, den Rest des Limettensafts, der Chilis und der Zwiebel mit dem Koriander und der Tomate untermischen.

Mit reichlich schwarzem Pfeffer würzen und nach Geschmack mit mehr Salz, Limettensaft oder Koriander abschmecken.

Die Guacamole mit frisch gemachten Totopos oder Knusperschwarte servieren.

TIPP: Sie können anstelle der Tomate frische Früchte der Saison verwenden. Probieren Sie reife Pfirsiche, Trauben oder Granatäpfel.

Höllisch scharfe Chilinüsse

Diese pikanten Nüsse bekommt man in fast jeder Cantina zum Bier. Sie sind so lecker, dass man die ganze Nacht trinken möchte. Wir haben uns mit diesem Rezept viel Mühe gegeben, damit es kinderleicht zuzubereiten ist und trotzdem ein äußerst beeindruckendes Ergebnis liefert. Wenn Sie es weniger scharf mögen, nehmen Sie weniger Chilis. Diese hinreißend leckeren Nüsse halten sich einige Wochen in einem luftdicht schließenden Behälter, sodass man immer einen perfekten Snack zur Hand hat.

Ergibt 500 g
Zubereitung: 45 Minuten

100 ml Sonnenblumenöl
500 g Erdnusskerne, ungeröstet, ungeschält
1 Knoblauchknolle, Zehen getrennt, aber ungeschält
8 Chiles de Arbol, grob klein gezupft, oder eine kleine Handvoll kleine getrocknete rote Chilischoten
Blätter von 5–6 Thymianzweigen
1 EL feines Meersalz
Saft von 2 Limetten

Den Backofen auf 150 °C vorheizen.

Das Öl in einer großen Pfanne erhitzen. Nüsse und Knoblauch hineingeben. 5 Minuten braten, dabei mit einem Kochlöffel durchrühren, damit die Nüsse mit Öl überzogen werden und sich nicht ansetzen. Die Chilis hinzugeben und weitere 10–12 Minuten bei mittlerer Hitze braten, bis die meisten Chilis dunkel sind, dann den Pfanneninhalt in ein Sieb abgießen.

Die Erdnussmischung mit Thymian und Salz auf einem Backblech ausbreiten und unter gelegentlichem Schütteln 20–25 Minuten im Ofen rösten.

Das Blech aus dem Ofen nehmen und die Nüsse mit Limettensaft beträufeln. Auf dem Blech abkühlen lassen. Nach etwa 5 Minuten abschmecken und bei Bedarf nachsalzen.

Avocado-Apfel-Salsa

Ich freue mich immer, wenn ich über eine neue, ungewöhnliche Geschmackskombination stolpere, und diese Entdeckung habe ich gemacht, als ich gerade an einer Salsa für unsere Herings-Tostadas arbeitete. Die knackig frischen Granny-Smith-Äpfel setzen sich wunderbar gegen die cremigen Avocados durch. Diese Guacamole ist ein toller herbstlicher Dip und die perfekte Begleitung zu pochiertem Lachs oder Räucherfisch.

Für 6 Personen
Zubereitung: 20 Minuten

5 Frühlingszwiebeln, fein gehackt
1 grüne Chilischote, fein gehackt
1 Granny-Smith-Apfel, klein gewürfelt
Meersalz
2 reife Hass-Avocados, grob gehackt oder ausgelöffelt
Saft von ½ großen Zitrone
1 EL Koriandergrün, grob gehackt
frisch gemahlener schwarzer Pfeffer

Drei Viertel der Zwiebeln, der Chili und des Apfels mit einer Prise Salz in den Mörser geben und sanft zu einer groben, noch etwas stückigen Paste zerstoßen.

Das Avocadofruchtfleisch in den Mörser geben (oder in eine große Schüssel, wenn der Mörser zu klein ist). Grob mit der Gabel zerdrücken. Den Zitronensaft sowie den Rest von Zwiebeln, Chili und Apfel und zum Schluss den Koriander einrühren. Mit Salz und Pfeffer abschmecken.

Leckere Avocados

Die Avocado hat ihren Namen vom Nahuatl-Wort *ahuácatl*, was »Hoden« bedeutet und auf die Form der Frucht und die Art anspielt, wie sie paarweise am Baum hängt. Den Azteken galt sie als Fruchtbarkeitssymbol und die Krieger aßen sie in rauen Mengen, um ihre Männlichkeit zu stärken. Und diese Idee war gar nicht falsch: Avocados stecken voller gesunder Vitamine, Mineralien und essenzieller Fettsäuren. Ihre Cremigkeit bildet einen wunderbaren Kontrast zu pikanten Salsas und Saucen. Im Restaurant schätzen wir sie sehr und essen sie häufig zum Frühstück auf gerösteten Tortillas oder verarbeiten sie zu Milchshakes (siehe Seite 25).

Nur reife Avocados schmecken wirklich gut. Drücken Sie sanft mit dem Daumen auf die Spitze der Frucht – sie sollte leicht nachgeben. Wenn Sie nur harte Avocados finden, legen Sie sie zum Nachreifen zusammen mit ein paar Bananen oder Kiwis in einem Papierbeutel an einen warmen Ort. Schneiden Sie vor dem Verzehr alle schwarzen Stellen heraus, die weder gut aussehen noch gut schmecken. Im *Wahaca* verarbeiten wir vorzugsweise die knubbeligen, dunklen Hass-Avocados, deren Fruchtfleisch cremiger ist als das anderer Sorten.

HIBISKUS-MARGARI

AGUA FRESCAS

SANGRITA

NUR TEQUILA
AUS 100% AGAVE

Wenn die Sonne hinter den Hügeln versinkt, sind mexikanische Drinks ein Genuss – nicht nur wegen der exotischen Früchte, die dafür gerne verwendet werden, sondern auch weil es für eine ordentliche Party keine besseren Cocktails gibt als die mit dem Geist der Agave.

Drinks

In diesem Kapitel finden Sie leckere Cocktails, die die heiligen Elixiere Mexikos enthalten: Mezcal und Tequila – zwei außerhalb der Landesgrenzen sträflich unterschätzte Spirituosen. Der globale Markt wurde mit billigen Imitationen überflutet, die meist aus einem Verschnitt diverser Alkoholika und Zusatzstoffen bestehen, wie Terpentin schmecken und einen fürchterlichen Kater verursachen. Kein Wunder, dass man so was mit zusammengekniffenen Augen und sehr viel Salz und Limette runterstürzen muss. Hier erfahren Sie, was es wirklich mit diesen Spirituosen auf sich hat.

Im *Wahaca* gehen wir das Cocktailmixen genauso an wie das Kochen: Wir experimentieren mit den Zutaten und kombinieren sie mit dem passenden Alkohol. Nutzen Sie die Rezepte als Anregung und werden Sie kreativ. Modifizieren Sie den Geschmack mit diversen Fruchtpürees und Zitrusfrüchten und setzen Sie unterschiedliche Auszüge mit Tequila an. Wir experimentieren auch gerne mit verschiedenen Zuckerarten und verwenden Agavensirup, der Cocktails einen milderen Geschmack verleiht. Er setzt seinen Zucker langsam frei und liefert eine angenehm sanfte Süße – nicht umsonst ist er einer der beliebtesten Exportartikel Mexikos.

Der Geist Mexikos

Viele von uns glauben, sie kennen sich aus mit Tequila oder Mezcal, und nicht wenigen wird schon beim Geruch schlecht, weil sie einmal auf eine billige Imitation reingefallen sind. In Wahrheit enthält das Original, ob nun bio oder nicht, unter Garantie keinen Wurm, es verursacht auch keinen Kater und auf gar keinen Fall braucht man Salz oder Zitrone dazu.

Tequila wird aus dem Saft der blauen Tequila-Agave gewonnen, die zur Familie der Spargelgewächse gehört und vor allem im Bundesstaat Jalisco vorkommt, wo die Agavenlandschaft inzwischen zum UNESCO-Welterbe gehört. Mezcal (oft als »Mutter des Tequila« bezeichnet) ist eng mit dem Tequila verwandt, wird aber aus zwölf verschiedenen Agavenarten gewonnen, die vor allem in Oaxaca und Guerrero vorkommen.

Die Agave wächst zwischen sieben und zehn Jahre unter der Sonne Mexikos heran (bei manchen sehr seltenen Agaven auch bis zu 35 Jahre), bevor sie erntereif ist. Man schneidet die großen, stacheligen Blätter ab, um das Herz, die *piña*, freizulegen, die wie eine übergroße Ananas aussieht. Für Tequila kocht man die *piñas*, für Mezcal werden sie mehrere Tage lang in großen Erdöfen gebacken. Anschließend werden sie zu Brei zerstoßen und (im Fall von Mezcal) fermentiert. Anschließend wird die Maische ein- bis zweimal zu Tequila oder Mezcal destilliert, wobei ich Letzteren mittlerweile vorziehe.

Fast in jedem Dorf in Oaxaca wird Mezcal gebrannt, nach Rezepten und Methoden, die seit mehr als 400 Jahren dazu dienen, Wasser und Agavenherzen in Alkohol zu verwandeln. Auch Tequila entsteht manchmal noch in kleinem Stil, wir schenken einige Marken aus, deren Erzeuger versichern, dass sie immer noch ohne Strom arbeiten und die Agavenherzen in von Eseln getriebenen Mühlen zerkleinern. Tequila schmeckt oft weicher als Mezcal, weil er meist in größeren Mengen und in feineren Schritten produziert wird. Gereifte Tequilas haben in Eichenfässern geruht, um sie noch weicher zu machen (siehe Seite 189). Mezcal kann recht rau und rauchig sein, aber meine Lieblinge besitzen ein tiefes, warmes und süßes Finish. Mezcal sollte immer mindestens 45 Volumenprozent haben.

Im *Wahaca* servieren wir ausschließlich 100 Prozent reinen Tequila und Mezcal. Die Azulito-Bar im Keller unseres Restaurants in der Wardour Street hält eine Sammlung von 80 der weltbesten Marken bereit, mit Vertretern aller Altersstufen und Stile, von Flachland bis Bergland, von Blanco bis Extra añejo (siehe Seite 189). Ob man nun den reinen, grasigen Geschmack der Agave in jungen Jahrgängen mag oder das weichere Aroma gereifter Sorten bevorzugt – echter Tequila und Mezcal sorgen für ein Wohlgefühl, das ich nur als destillierten Sonnenschein beschreiben kann. Wichtig ist, dass man diese Spirituosen langsam genießt, anstatt sie einfach hinunterzustürzen.

DON'T SHOOT

TEQUILA SHOULD BE SAVOURED

! BEWARE OF ! CHEAP IMITATIONS

++

full of ARTIFICIAL ADDITIVES

++

Just say no! IF YOU NEED TO ADD

LEMON & SALT

THEN YOU'RE DRINKING THE

WRONG TEQUILA!

Agua frescas

Diese »frischen Wässer« sollen im heißen Klima Mexikos den Durst löschen und dem Körper Flüssigkeit zuführen. Man bekommt sie in jeder Cantina. Sie bestehen aus Wasser, Früchten, Blüten oder Kräutern und Zucker und sind die perfekten Durstlöscher.

Gurken-Agua-fresca

Eine meiner Lieblings-Cantinas in Los Angeles übergießt Gurken mit Wasser und serviert das Wasser dann auf Eis – eine tolle Idee. Das leichte Gurkenaroma hat etwas unglaublich Erfrischendes.

Ergibt 3 Gläser
Zubereitung: 5 Minuten

8 Mini-Gurken
½ Serrano- oder andere grüne Chilischote, fein gehackt
Saft von 5 Limetten
4 EL Agavensirup
1 Prise Salz
Eiswürfel
1 Handvoll Minzeblätter, plus Minze zum Servieren

Die Zutaten mit 1 l Wasserim Mixer pürieren, dann durch ein mit einem Passiertuch ausgelegtes Sieb abseihen. Auf drei Gläser verteilen und mit reichlich Eis und Minzeblättern servieren.

Hibiskus-Agua-fresca

Getrocknete Hibiskusblüten ergeben ein intensives, rubinrotes Agua fresca – die perfekte Grundlage für einen tollen Cocktail (siehe Seite 184).

Ergibt 1 großen Saftkrug
Zubereitung: 5 Minuten + Kühlzeit

60 g getrocknete Hibiskusblüten
300 g Zucker
Saft von 3 Limetten
Eiswürfel
Sprudelwasser (nach Belieben)

Blüten, Zucker und 2,5 l Wasser in einem großen Topf zum Kochen bringen. 30 Sekunden köcheln lassen, um den maximalen Blütengeschmack zu extrahieren. Durch ein Sieb abgießen, die Blüten als Garnitur oder für einen Salat beiseitestellen.

Den Limettensaft einrühren und abschmecken. Vielleicht ist etwas mehr Zucker nötig. Abkühlen lassen und auf Eis servieren. Nach Belieben mit etwas Sprudelwasser verdünnen.

FINA

Margaritas

Hier kommen unsere Lieblings-Margaritas. Wie alle Cocktails sollten auch Margaritas auf viel Eis geschüttelt werden, damit der Drink nicht verwässert. Und den Shaker immer schön verschließen! Schon so mancher Barkeeper soll bei seiner Tom-Cruise-Imitation aus dem Film *Cocktail* an einem sich lösenden Deckel gescheitert sein. Das Ziel beim Shaken ist, die Zutaten gründlich zu vermischen und zu kühlen, nicht hinterher die Küche renovieren zu müssen.

TIPP: Verwenden Sie nur Tequila aus 100 Prozent Agave.

Beim Mixen von Margaritas kommt es zunächst darauf an, wie der Gast sie mag: *straight up* bedeutet in einem Martiniglas ohne Eis, *on the rocks* bezeichnet meist ein bis zum Rand mit Eiswürfeln gefülltes Glas und *frozen* wird mit zerstoßenem Eis gemixt – nicht authentisch, aber immer wieder ein Hit.

Wenn Sie Salzränder mögen, sollten Sie mit Kräutern und Gewürzen experimentieren. Mahlen Sie das Salz mit Piquín- oder Arbol-Chilischoten oder auch mit Sal de Gusano (Wurmsalz), wenn Sie Mezcal verwenden. Für den süßen Zahn empfiehlt sich ein Zuckerrand, wobei man auch Zucker sehr gut mit Chili mischen kann. Tauchen Sie den Glasrand in eine Untertasse mit Wasser, sodass nur der oberste Rand benetzt wird, und drehen Sie das Glas dann in einer zweiten Untertasse mit einer Salz- oder Zuckermischung nach Wahl.

Tommis klassische Margarita

Für diese Version des Klassikers verwenden wir Agavensirup statt Triple Sec. Das Ergebnis ist nicht nur erfrischend, sondern unserer Meinung nach dank Vitamin C aus der Limette und dem vergleichsweise niedrigen glykämischen Index des Sirups sogar gar nicht so schlecht für die Gesundheit.

Zwei Bechergläser mit Salzrand versehen (siehe Seite 183). Alle Zutaten auf Eis shaken und in die Gläser füllen. Mit Limettenspalten servieren.

Ergibt 2 Gläser
Zubereitung: 5 Minuten

feines Meersalz für den Rand
70 ml Tequila blanco
50 ml frisch gepresster Limettensaft
30 ml Agavensirup
Eiswürfel
2 Limettenspalten zum Servieren

Hibiskus-Margarita

Wenn Sie unser Hibiskus-Agua-fresca mögen, ist das hier etwas für Sie. Der frisch-saure, an Cranberrys erinnernde Geschmack passt toll zu einem Cocktail.

Alle Zutaten auf Eis shaken und in zwei Bechergläser füllen. Mit Limettenspalten servieren.

Ergibt 2 Gläser
Zubereitung: 5 Minuten

50 ml Hibiskus-Agua-fresca (siehe Seite 180)
70 ml Tequila blanco
50 ml frisch gepresster Limettensaft
10 ml Triple Sec
Eiswürfel
2 Limettenspalten zum Servieren

Tamarinden-Margarita

Definitiv meine Lieblings-Margarita, weil sie so lecker sauer und erfrischend ist. Ein Muss für den Fan von Sours.

Zwei Bechergläser nach Belieben mit Salzrand versehen (siehe Seite 183). Alle Zutaten über Eis shaken und in die Gläser füllen. Mit Limettenspalten servieren.

Ergibt 2 Gläser
Zubereitung: 5 Minuten

feines Meersalz, mit Cayennepfeffer gemischt, für den Rand (nach Belieben)
70 ml Tamarindenpüree
70 ml Tequila
30 ml Triple Sec
2 Limettenspalten zum Servieren

Chili-Schoko-Margarita

Ein wirklich fantastischer Digestif, besonders für diejenigen, die Schokolade und Süßes lieben.

Die Schokolade in einen kleinen beschichteten Topf raspeln. Milch, Zimt, Chili und Agavensirup hinzugeben und bei schwacher Hitze rühren, bis die Schokolade schmilzt. Durch ein feines Sieb gießen und abkühlen lassen.

Die kalte Schokomilch mit dem Tequila in einen Shaker füllen und über Eis shaken. *On the rocks* oder *straight up* in Martinigläsern servieren und mit Zimt und Zucker bestäuben.

Ergibt 2 Gläser
Zubereitung: 10 Minuten

100 g dunkle Schokolade (mindestens 70 % Kakaoanteil)
175 ml Vollmilch
1 Zimtstange
1 Chile de Arbol oder 1 Prise Chiliflocken
1 guter TL Agavensirup, Honig oder brauner Zucker
100 ml Tequila añejo

Zum Servieren:
Eiswürfel
Zimt
Zucker

Mojito DF

Diese Variante des klassischen Mojito glänzt mit einem leckeren Mix aus Apfelsaft, Limette und Minze. »DF« ist eine Abkürzung für »Distrito Federal«, also Mexiko-Stadt.

Den Zucker, den Großteil der Minzeblätter und sämtliche Limettenspalten mit einem Stößel in zwei Longdrinkgläsern zusammen zerstoßen. Sobald die Limetten ausgepresst sind, Apfelsaft und Tequila hinzugießen, mit zerstoßenem Eis auffüllen und mit den zurückbehaltenen Minzeblättern garniert servieren.

Ergibt 2 Gläser
Zubereitung: 5 Minuten

20 g Demerarazucker
1 große Handvoll Minzeblätter
1 Limette, in Spalten geschnitten
70 ml Apfelsaft
70 ml Tequila
zerstoßenes Eis

Sangrita

Mit 140 ml Tequila blanco verwandeln Sie diesen Drink in eine Bloody Maria (siehe Seite 188). Oder Sie zeigen Ihren Freunden, wie man ihn in Mexiko schätzt: Vor dem Essen gibt es diese alkoholfreie Basis zusammen mit einem kleinen Glas Tequila als leckeren Aperitif. Tequila und Sangrita werden traditionell zusammen serviert, aber in eigenen kleinen Gläsern. Ich habe hier die Mengenangaben eher grob belassen, damit Sie die Würze Ihrem eigenen Geschmack anpassen können. Zum Wohl!

Ergibt 4 Gläser
Zubereitung: 5 Minuten

Cayennepfeffer für den Glasrand (nach Belieben)
500 ml Tomatensaft
Saft von 1 großen Orange (etwa 100 ml)
Saft von 1–2 Limetten
25 ml Grenadine
1–2 TL Tabasco
1–2 EL Worcestersauce
1–2 TL Meersalz
frisch gemahlener schwarzer Pfeffer
Eiswürfel

Zum Servieren:
4 Limettenspalten
Cayennepfeffer

Vier Bechergläser nach Belieben mit Chilirändern versehen (siehe Seite 183). Sämtliche Zutaten über Eis shaken und auf die Gläser verteilen. Jeweils mit 1 Limettenspalte garnieren und mit Cayennepfeffer bestäubt servieren.

Bloody Maria
(Wir lieben sie!)

Die Bloody Mary, ein Mix aus Tomatensaft und Wodka, zählt zu den weltweit beliebten Cocktails, aber ihre Entstehungsgeschichte ist heiß umstritten, und mehr als ein bekannter Barkeeper bezeichnet sich als Erfinder des Rezepts. Bei näherer Betrachtung scheint es durchaus denkbar, dass sie tatsächlich auf der mexikanischen Bloody Maria basiert. Diese Fakten sprechen dafür:

1. Die Hauptzutat ist die Tomate und die stammt aus Mexiko. Es war der spanische Konquistador Hernando Cortés, der sie im 16. Jahrhundert aus der Aztekenstadt Tenochtítlan, dem heutigen Mexiko-Stadt, nach Europa brachte.

2. Die Mexikaner trinken schon seit den frühen 1920ern die auf Tomaten basierende Sangrita zu ihrem Tequila. Etwa zur gleichen Zeit soll die Bloody Mary in New York »erfunden« worden sein. Wir glauben eher, dass vermutlich ein einsamer Barmann sich nach Süden über die Grenze verirrte, die Sangrita kennenlernte und das Rezept mit nach New York nahm, wo er die Bloody Mary schuf.

3. In Mexiko gibt es die leckersten Speisen und Getränke der Welt, deshalb liegt es nahe, dass dort auch ein so göttlicher Drink wie die Bloody Mary/Maria erfunden wurde.

Na, bitte – wenn das keine schlüssigen Beweise sind!

Der Hauptunterschied zwischen Bloody Maria und Bloody Mary liegt darin, dass Maria Tequila enthält (während Mary mit Wodka gemixt wird), der dem Cocktail eine größere geschmackliche Tiefe und eine charakteristische Agavennote verleiht. Außerdem wird die Maria oft mit Sangrita zubereitet, sodass der Tomatengeschmack mit frischem Orangen- und Limettensaft aufgepeppt wird. Dazu kommen Grenadine und reichlich Tabasco, was im Resultat einen erfrischenden, würzigen und süchtig machenden kleinen Cocktail ergibt.

Um ihn selbst zu machen, mischen Sie einfach den Sangrita von Seite 186 mit 140 ml Tequila blanco.

Tequila-Know-how

Blanco (weiß) – Ein junger, klarer Tequila. Eignet sich sehr gut als Aperitif und wird in Mexiko mit Sangrita (siehe Seite 186) getrunken, einem pikanten Tomatensaft-Getränk, das perfekt zum Tequila passt.

Reposado (geruht) – Dieser zwei bis zwölf Monate im Holzfass gelagerte Tequila ist meist weicher als ein Blanco und besitzt Noten von Vanille und Honig. Man trinkt ihn wie Wein zum Essen. Ein guter Tequila für Einsteiger.

Añejo (gereift) – Reift mindestens ein Jahr im Eichenfass und entwickelt dabei unter anderem vielfältige Vanille-, Crème-, Caramel- und Eichennoten sowie geschmackliche Fülle und Komplexität. Wie ein guter Weinbrand oder Malt Whisky eignet sich der Añejo hervorragend als Digestif oder für Cocktails mit eher weichem Charakter.

Extra añejo (lange gereift) – Der nur in limitierten Auflagen angebotene Extra Añejo reift noch länger im Fass und muss sorgfältig überwacht werden, damit die Eichennoten den ursprünglichen Charakter des Brands ergänzen und ihn nicht übertönen.

The Wahaca Mule

Unsere Hausversion des Mule enthält Tequila blanco statt Gin, und wir lieben sie!

Alle Zutaten über Eis shaken und in zwei Bechergläser füllen. Mit 1 Limettenspalte und einem winzigen Spritzer Angostura servieren – gerade so viel, dass der Drink Farbe bekommt.

Ergibt 2 Gläser
Zubereitung: 5 Minuten

70 ml Tequila blanco
250 ml Ingwerbier
40 ml frisch gepresster Limettensaft
10 ml Vanillesirup
Eiswürfel

Zum Servieren:
2 Limettenspalten
1 Spritzer Angostura

EINEN ZITRUSTWIST MACHEN
Mit einem scharfen Messer Ober- und Unterseite der Frucht abschneiden. Die Schale von einem Ende zum anderen abschälen, aber das bittere weiße Mark nicht mit abschneiden. Die Streifen sollten etwa 1 cm breit sein. Die Streifen zu Korkenzieherspiralen um den Finger wickeln und als Garnitur für Cocktails verwenden.

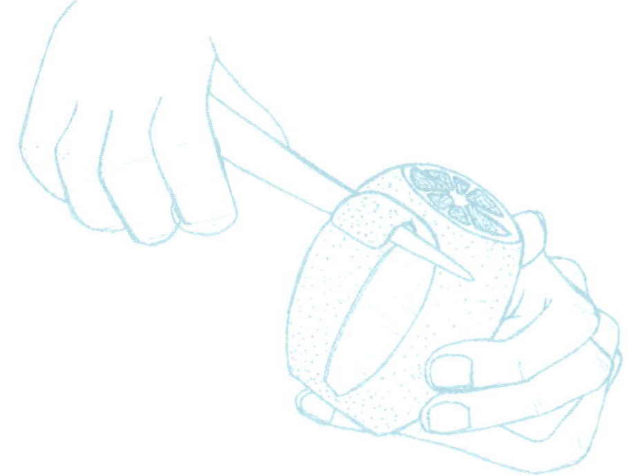

EINEN DÜNNEN STREIFEN ABSCHÄLEN ...

Smoked Peach Old Fashioned

Einer der besten Cocktails aller Zeiten in einer unwiderstehlichen Variante – altmodisch und stark, mit einer winzigen Spur von Rauch.

Ergibt 2 Gläser
Zubereitung: 10 Minuten

zerstoßenes Eis
1 kleine Prise Salz
100 ml Mezcal reposado
5 ml Peach Bitters
20 ml Gomme-Sirup
Schale von 2 Orangen
Eiswürfel
2 Orangentwists zum Servieren (siehe den Tipp unten)

Ein halbes Highballglas (oder für die Profis: das Glas eines Boston Shakers) mit zerstoßenem Eis und Wasser füllen und eine Prise Salz hineingeben. Mezcal, Bitters, Sirup und Orangenschale zufügen und mit Eiswürfeln auffüllen. Etwa 4 Minuten mit dem Barlöffel rühren.

Den Cocktail in zwei Bechergläser abseihen. Mit Orangentwists garnieren und mit einem kurzen schwarzen Trinkhalm servieren.

UM DEN FINGER WICKELN ...

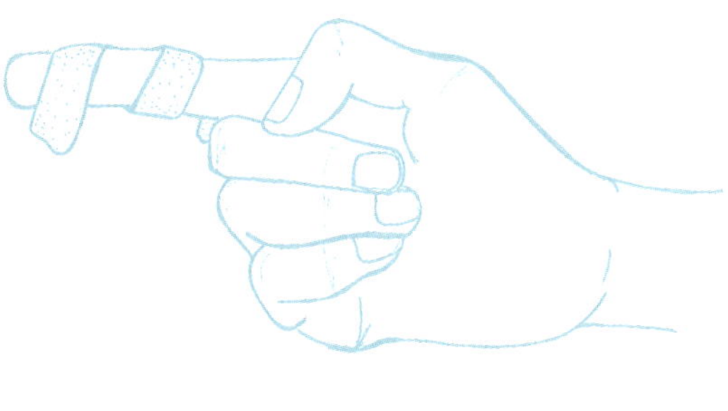

SICH MIT DEM COCKTAIL ZURÜCKLEHNEN UND DIE EIGENE GESCHICKLICHKEIT BEWUNDERN.

Aufgesetzte

Hier kommen vier jahreszeitlich inspirierte Kreationen unseres alten Barkeepers Nate Sorby, auf denen seine genialen Frühlings-, Sommer-, Herbst- und Wintercocktails basieren.

Frühling
Grüntee-Tequila

Wir lieben den vollen Geschmack von Oolong, aber auch weißer Tee schmeckt toll, nur leichter. Und sogar der blumige Jasmintee ist gut geeignet.

Ergibt 1 Flasche (700 ml)

60 g grüne Teeblätter von allerhöchster Qualität
1 Flasche Tequila blanco (700 ml)

Teeblätter und Tequila in ein luftdicht schließendes Gefäß füllen und 48 Stunden im Kühlschrank ziehen lassen. Den Tequila durch ein Sieb in seine ursprüngliche Flasche abseihen. Beschriften und in die Hausbar stellen.

Grüntee-Rhabarber-Collins

Ergibt 2 Gläser
Zubereitung: 5 Minuten

100 ml Grüntee-Tequila (siehe oben)
50 ml frischer Rhabarbersirup (siehe Tipp)
50 ml frisch gepresster Apfelsaft
Eiswürfel
200 ml Soda- oder Sprudelwasser
grüne Apfelscheiben zum Servieren

Tequila, Rhabarbersirup und Apfelsaft in zwei Gläser gießen und gut umrühren. Eiswürfel dazugeben, dann mit Soda auffüllen. Erneut umrühren und mit Apfelscheiben garniert servieren.

TIPP: Für den Rhabarbersirup 500 g Rhabarber klein hacken und mit der abgeriebenen Schale von 1 Bio-Zitrone, dem Saft von ½ Zitrone und 5 EL Zucker in einen kleinen Topf geben. 10–15 Minuten bei mittlerer Hitze kochen. Der Sirup sollte recht süß sein und braucht daher eventuell noch etwas mehr Zucker. Nicht verwendeter Sirup schmeckt lecker zu Joghurt.

Sommer Holunderblüten-Tequila

Der Holunder blüht in unseren Breiten selbst in den Städten zwischen Mai und Juni und liefert Massen von Blüten für Holundersirup. Man kann das zarte Blütenaroma aber auch gut in Tequila einfangen. Dieses Rezept liefert die Grundlage für tolle Cocktails, mit denen man seine Freunde beeindrucken kann.

Ergibt 1 Flasche (700 ml)

1 Flasche Tequila blanco (700 ml)
50–100 g Holunderblüten

Alle Zutaten in ein luftdicht schließendes Gefäß füllen und mindestens 48 Stunden ziehen lassen, bis der Tequila das Holunderaroma angenommen hat. Den Tequila durch ein Sieb in seine ursprüngliche Flasche abseihen. Beschriften und in die Hausbar stellen.

Apfel-Holunder-Fizz

Erfrischend, blumig und reinstes Brit-Mex!

Ergibt 2 Gläser
Zubereitung: 5 Minuten

2 kleine Äpfel, gewürfelt, oder 50 ml frisches Apfelmus
2 TL Zucker
20 ml frisch gepresster Zitronensaft
100 ml Holunderblüten-Tequila (siehe oben)
zerstoßenes Eis
200 ml Soda- oder Sprudelwasser

Zum Servieren:
grüne Apfelscheiben
2 Zitronentwists (siehe Seite 190–191)

In zwei Bechergläsern die Äpfel mit dem Stößel mit Zucker und Zitronensaft zerdrücken. Den Tequila hinzugeben und die Gläser bis zum Rand mit Eis füllen. Mit Sodawasser aufgießen, gut umrühren und mit je 1 Apfelscheibe und 1 Zitronentwist servieren.

Herbst
Lebkuchen-Tequila

Ich liebe Ingwer und war überglücklich, als Nate mit diesem Rezept ankam. Der Tequila ist feurig, weich und süß mit einem Hauch von Vanille – absolut unwiderstehlich.

Ergibt 1 Flasche (700 ml)

1 Flasche Tequila añejo (700 ml)
½–1 Zimtstange (je nach Größe)
1 Vanilleschote, längs aufgeschnitten
100 g kandierter Ingwer

Alle Zutaten in ein luftdicht schließendes Gefäß geben und 1 Woche ziehen lassen. Sobald sich die Aromen entfaltet haben, den Tequila durch ein Sieb in seine ursprüngliche Flasche abseihen. Beschriften und in die Hausbar stellen.

Lebkuchen-Margarita

Ein Drink für alle Ingwerfans.

Ergibt 2 Gläser
Zubereitung: 5 Minuten

20 ml frischer Ingwer-Zimt-Sirup (siehe Tipp)
100 ml Lebkuchen-Tequila (siehe oben)
70 ml frischer Apfelsaft
Eiswürfel

Für den Ingwerzucker:
20 g Zucker
1 gute Prise gemahlener Ingwer

Zunächst den Ingwerzucker zubereiten: Zucker und gemahlenen Ingwer in einem tiefen Teller mischen. Die Ränder von zwei Bechergläsern anfeuchten und in der Mischung drehen (siehe Seite 183).

Sirup, Tequila und Apfelsaft mit Eiswürfeln in einen Cocktailshaker füllen und gut shaken. Durch ein Sieb in die vorbereiteten Gläser abgießen.

TIPP: Für frischen Ingwer-Zimt-Sirup 200 g Zucker mit 200 ml Wasser, 1 Zimtstange und 8 Scheiben frischem Ingwer in einen Topf geben. Aufkochen, dann 5 Minuten unter sanftem Rühren köcheln lassen, bis der Zucker sich aufgelöst hat. 30 Minuten stehen lassen, dann in eine sterilisierte Flasche (siehe Seite 154) abseihen.

Winter
Chili-Orangen-Tequila

Die Kombination aus saurer Blutorange und fruchtig-feuriger Chili finden wir einfach genial. Wenn man bedenkt, dass Yucatán weltweit zu den wichtigsten Orangenproduzenten gehört (sie kamen mit den Spaniern nach Mexiko), erscheint es nicht allzu weit hergeholt, dass vielleicht gerade in Mérida, der Hauptstadt des Bundesstaats, ein supercooler Barkeeper einen ganz ähnlichen Cocktail serviert.

Ergibt 1 Flasche (700 ml)

1 Flasche Tequila blanco (700 ml)
½ Blutorange
½ Habanero- oder Scotch-Bonnet-Chili, entkernt

Alle Zutaten in ein luftdicht schließendes Gefäß geben und 1 Woche ziehen lassen. Sobald sich die Aromen entfaltet haben, den Tequila durch ein Sieb in seine ursprüngliche Flasche abseihen. Beschriften und in die Hausbar stellen.

Yucatán Sour

Der perfekte Drink für alle, die etwas Pep in ihrem Leben zu schätzen wissen.

Ergibt 2 Gläser
Zubereitung: 5 Minuten

100 ml Chili-Orangen-Tequila (siehe oben)
25 ml frisch gepresster Orangensaft
25 ml frisch gepresster Limettensaft
20 ml Zucker- (siehe Tipp) oder Agavensirup
1 Eiweiß
zerstoßenes Eis

Zum Servieren:
2 Orangentwists (siehe Seite 190–191)

Die Zutaten in einen Cocktailshaker füllen und 15 Sekunden ohne Eis shaken, bis das Eiweiß die Mischung schäumen lässt. Mit Eis auffüllen und weitere 15 Sekunden sanft shaken. In zwei mit Eis gefüllte Bechergläser oder gekühlte Martinigläser füllen und mit Orangentwists servieren.

TIPP: Für einen einfachen Zuckersirup Wasser und Zucker zu gleichen Teilen erhitzen und den Zucker unter Rühren auflösen. Abkühlen lassen, in eine sterilisierte Flasche (siehe Seite 154) abfüllen und im Kühlschrank aufbewahren – kann man immer gebrauchen.

CHILE-DE-ARBOL-ÖL

Sals

»Salsa« ist das spanische Wort für Sauce, aber damit lässt sich die Vielfalt des Phänomens nur unzureichend beschreiben. Salsas bilden das Rückgrat der mexikanischen Küche. Jede Cantina stellt nach Möglichkeit stolz ihre Haus-Salsa auf den Tisch, manche werden jeden Tag frisch zubereitet, andere müssen einige Zeit reifen. Angesichts von 200 Chilisorten und 36 Bundesstaaten, die alle ihre eigenen Zutaten und Traditionen pflegen, wundert es nicht, dass das Land unzählige einzigartige Salsa-Rezepte kennt.

ROSA EINGELEGTE ZWIEBELN

GERÖSTETE TOMATEN

MOJO DE AJO

as

GEBEN EINEN FRISCHEN KICK

Manche Speisen schmecken mit einer bestimmten Salsa besonders gut. So servieren wir Puerco pibil grundsätzlich mit Rosa eingelegten Zwiebeln (siehe Seite 207), Carnitas kommen immer mit Salsa verde (siehe Seite 200) auf den Tisch und Garnelen sind einfach die perfekten Begleiter für die rauchige Mojo de Ajo (siehe Seite 205). Aber natürlich können Sie auch die ausgetretenen Pfade verlassen und selbst kreativ werden, denn eine gute Salsa wertet jedes Gericht auf, sei es mit Schärfe, mit Textur oder mit leichter Frische.

Im *Wahaca* bereiten wir so viele Salsas zu, dass selbst unsere Köche manchmal nicht mehr wissen, welche Sauce zu welchem Gericht gehört. Unsere Salsa aus gerösteten Tomaten (siehe Seite 209) ist eine rauchige, feurige Mischung aus Zwiebeln, Knoblauch, Tomaten und Jalapeños, die wunderbar zu Steak-Tacos und Hühnchen-Quesadillas passt. Die leichte Bohnen-Mais-Salsa (siehe Seite 206) peppt Ceviches und gebratenen Fisch auf. Eine frische Tomaten-Salsa (siehe Seite 208) passt zu allem: Man kann sie zu knusprigen Kartoffel-Taquitos ebenso essen wie zu Ofenkartoffeln, Quesadillas oder Frijoles refritos.

Salsas sind das mexikanische Äquivalent zu unserem Ketchup und Senf oder zum Olivenöl, ohne das die Italiener nicht leben können, und zur Sojasauce, die in China auf jedem Tisch steht. Dieses Kapitel bietet alles, was man braucht, um jedem Essen den mexikanischen Kick zu verleihen …

DIE KATASTROPHE!
EINE SCHÖNE HANDVOLL
»DRAUßEN KALT –
DRINNEN SCHARF
EIFRIG BEI DER ARBEIT

Chilis selber ziehen

Es wird niemanden überraschen, dass wir im *Wahaca* Chilis lieben. Wir hacken die scharfen Schoten aber nicht nur klein und würzen unsere Speisen damit – wir ziehen die Pflanzen auch selbst. Und seit der Eröffnung 2007 haben wir mehr als 4,5 Millionen Päckchen mit Chilisamen an unsere Gäste verschenkt. Wenn Sie noch eins herumliegen haben (oder selbst die Samen aus einer Chilischote trocknen), können Sie das auch probieren:

Schritt 1 Einen geeigneten Topf finden. Ein Saattablett ist ideal, aber es darf auch ruhig eine leere Konservendose oder ein alter Hut sein. Wir haben einen Blumentopf genommen.

Schritt 2 Den Topf mit Blumenerde füllen und Kaffeesatz untermischen, das ist ein großartiger Dünger. Mit der Blumenspritze gründlich anfeuchten und 30 Minuten quellen lassen.

Schritt 3 Die Chilisamen etwa 5 mm tief in die Erde drücken und die Erde darüber mit den Händen glatt streichen.

Schritt 4 Die Samen sind kälteempfindlich. Den Topf also liebevoll im Arm halten oder, noch besser, mit Frischhaltefolie abdecken, um Wärme und Feuchtigkeit zu bewahren. An einen warmen Platz stellen.

Schritt 5 Abwarten. Die Samen sollten binnen ein bis zwei Wochen keimen und die ersten Blättchen treiben. Sofort die Folie abnehmen und den Topf an einen hellen Platz stellen, damit die Sämlinge kräftig wachsen können. Die Erde sollte feucht, aber nicht nass sein – ein paar Spritzer Wasser alle paar Tage müssten reichen.

Reiche Ernte!

Weitere Pflanztipps und Videos finden Sie auf **blog.wahaca.co.uk**

Vielen Dank an (linke Seite, im Uhrzeigersinn von links oben) Alex Plim, Anna-Lucy Terry, Heather Rainbow, Michael Anton, Nick Owers, Alistair Van Ryne, Jose-Paolo Roldan, Rosie Martin und Laura Halvey für ihre gärtnerischen Bemühungen. Gut gemacht, Freunde!

Frische Salsa verde

Salsa verde ist in Mexiko vermutlich die am häufigsten zubereitete Salsa. Wenn Sie frische Tomatillos bekommen können, müssen Sie sie ausprobieren. Die kleinen grünen Früchte sind zitrusfrisch mit einer schönen Schärfe – und man muss nichts kochen. Tomatillos (Verwandte der Physalis) sind manchmal schwierig zu bekommen, aber man kann sie leicht im Gewächshaus oder Folientunnel ziehen, wenn man ein wenig Platz im Garten hat. Diese Salsa schmeckt großartig zu Tinga de Pollo (siehe Seite 119), Schmorbraten oder gegrilltem Fisch.

Ergibt 1 kleine Schüssel
Zubereitung: 5 Minuten

1 Bund Koriandergrün
5–6 mittelgroße reife Tomatillos
1 kleine weiße Zwiebel, fein gehackt
1 Jalapeño- oder 2 grüne Thai-Chilischoten, Stiel entfernt
einige gute Prisen Meersalz
Saft von 1 Limette

Die Korianderblätter für ein anderes Rezept beiseitelegen und nur die Stiele grob hacken. Mit einigen Teelöffeln Wasser und den übrigen Zutaten im Mixer zu einer groben Salsa verarbeiten. Abschmecken und nach Belieben mit mehr Salz und Limettensaft nachwürzen. Die Salsa sollte noch am selben Tag verbraucht werden.

Kräftige Salsa verde

Dieses Rezept verwende ich, wenn es keine frischen Tomatillos gibt. Die Salsa ist kräftiger und runder als die vorige und nicht so frisch, deshalb peppe ich sie mit einer Habanero auf.

Ergibt einige kleine Schüsseln
Zubereitung: 10 Minuten

1 mittelgroße Zwiebel, grob gehackt
1 Habanero-Chili, Stiel und Samen entfernt
2 grüne Thai-Chilis, Stiele entfernt
2 Knoblauchzehen
1 Dose Tomatillos (790 g), abgegossen
Saft von 1 Limette
1 Prise Zucker
1 Prise Meersalz
1 großes Bund Koriandergrün
2 Frühlingszwiebeln, fein gehackt

Zwiebel, Chilis und Knoblauch in einen Topf geben und mit kochendem Wasser bedecken. 5 Minuten köcheln lassen. Den Sud bis auf ein paar Esslöffel abgießen. Den Topfinhalt mit Tomatillos, Limettensaft, Zucker und Salz in den Mixer geben. Pürieren, in eine Schüssel umfüllen und abkühlen lassen.

Die Korianderblätter für eine andere Verwendung beiseitelegen. Die Stiele hacken und zusammen mit den Frühlingszwiebeln unter die Salsa rühren. Die Salsa hält sich einige Tage im Kühlschrank.

Stachelbeer-Avocado-Salsa

Dieses Rezept habe ich entwickelt, weil ich eine Salsa verde machen wollte, aber keine Tomatillos auftreiben konnte. Stachelbeeren schmecken ähnlich, sind aber im Gegensatz zu Tomatillos ganzjährig frisch oder tiefgefroren zu bekommen. Wir haben einige Sträucher in unserem Londoner Garten und können so selber ernten.

Ergibt 1 Schüssel
Zubereitung: 10–15 Minuten

300 g Stachelbeeren
½ kleine weiße Zwiebel
2 grüne Chilischoten
1 große Handvoll Koriandergrün, grob gehackt
Saft von ½ Limette
2 TL Olivenöl
½ TL Zucker
Meersalz und frisch gemahlener schwarzer Pfeffer
2 kleine Schalotten, fein gehackt
1 reife Hass-Avocado, klein gewürfelt

Einen Topf mit Wasser zum Kochen bringen und Stachelbeeren, Zwiebel und Chilis hineingeben. 5 Minuten köcheln lassen, dann sofort in ein Sieb abgießen und einige Minuten unter fließendem kaltem Wasser abkühlen.

Den Koriander mit Limettensaft, Olivenöl und Zucker in den Mixer geben und pürieren. Mit reichlich Salz und einer Prise Pfeffer abschmecken. Die abgekühlte Stachelbeermischung hinzugeben und durchmixen. Schalotten und Avocado einrühren und die Salsa mit Salz und Pfeffer abschmecken.

Grünes Kräuteröl

In Mexiko nimmt man einen reifen Käse namens Queso añejo zum Würzen von Streetfood-Gerichten. Wir verwenden gereiften Pecorino, der fast genauso schmeckt. Am besten kaufen Sie Ihren Pecorino im Käse-Fachgeschäft oder im italienischen Supermarkt. Der Kerbel ist hier nicht entscheidend, aber seine zarte Anisnote sorgt für den authentischen mexikanischen Geschmack.

Ergibt 2 kleine Schüsseln
Zubereitung: 2–3 Minuten

2 gehäufte EL geriebener Pecorino
3 Bund Basilikum, grob gehackt
1 großes Bund Kerbel, grob gehackt (nach Belieben)
2 Knoblauchzehen
250 ml natives Olivenöl extra
Saft von ½ Limette
Meersalz und frisch gemahlener schwarzer Pfeffer

Alle Zutaten im Mixer pürieren und mit Salz und Pfeffer abschmecken.

Das Öl schmeckt am besten frisch, hält sich aber auch mehrere Wochen im Kühlschrank, solange man es immer mit 1 cm frischem Olivenöl abdeckt, um die Luft und damit die Schimmelsporen fernzuhalten.

Mojo de Ajo

Eine meiner Lieblingssaucen. Sie enthält viel Knoblauch, der durch sanftes Garen weich, süß und unwiderstehlich wird. Ich serviere die Sauce zu den unterschiedlichsten Gerichten. Sie eignet sich als leckere Marinade für Grillhähnchen, passt gut zu Garnelen und verträgt sich auch prima mit Spinat – und zwar so gut, dass man damit vermutlich selbst glühende Spinatverächter bekehren könnte.

Ergibt 2 kleine Schüsseln
Zubereitung: 45 Minuten

3 Knoblauchknollen
1 Chile de Arbol, in zwei Hälften gebrochen
1 TL Chipotles en Adobo (siehe Seite 214, nach Belieben), fein gehackt
Blätter von einigen Thymianzweigen
200 ml natives Olivenöl extra
1 TL Meersalz

Die Knoblauchzehen schälen und fein hacken, aber nicht pürieren. Mit Chile de Arbol, Chipotles, Thymianblättern und Öl in einen Topf geben. Salzen und sanft erhitzen, bis das Öl zu sieden beginnt. Die Temperatur auf niedrigste Stufe zurücknehmen und den Knoblauch 30 Minuten garen (bei zu starker Hitze verbrennt er und wird bitter, statt süß zu karamellisieren, und ruiniert das Öl).

Abkühlen lassen, dann in ein sterilisiertes Schraubglas (siehe Seite 154) abfüllen. Das Öl hält sich bis zu 3 Monate.

Bohnen-Mais-Salsa

Die Kombination aus herzhaften schwarzen Bohnen, süßem Mais, frisch-feuriger Chili und Limettensaft ist sensationell. Diese Salsa passt zu nahezu allem – Grillhähnchen, Salaten, Würstchen, Ofenkartoffeln – und gibt Ihren Speisen einen typisch mexikanischen Touch.

Ergibt 2 kleine Schüsseln
Zubereitung: 20 Minuten

1 Maiskolben
100 g gegarte schwarze Bohnen, aus der Dose oder selbst gekocht (siehe Seite 134)
4 Frühlingszwiebeln, in dünne Ringe geschnitten
3 Eiertomaten, gehäutet, von den Samen befreit und grob gewürfelt
1 kleine Handvoll Koriandergrün, grob gehackt
1½ Jalapeño-Chilis, fein gehackt

Für das Dressing:
1 Knoblauchzehe, zerdrückt
½ Jalapeño-Chili, fein gehackt
1–2 TL Meersalz
1 großzügige Prise gemahlener Kreuzkümmel
Saft von ½ Limette
2 EL natives Olivenöl extra
1 großzügige Prise frisch gemahlener schwarzer Pfeffer

Zunächst das Dressing zubereiten: Knoblauch und Chili mit Salz und Kreuzkümmel im Mörser zerstoßen, bis der Knoblauch püriert ist, dann Limettensaft, Öl und Pfeffer einrühren. Beiseitestellen.

Den Maiskolben etwa 5 Minuten in einem kleinen Topf mit sprudelndem Salzwasser kochen, bis die Körner zart sind. Die Körner mit einem Messer abschneiden und noch warm mit dem Dressing vermischen. Die abgetropften Bohnen und die übrigen Zutaten hinzugeben. Die Salsa mit Salz und Pfeffer abschmecken.

Rosa eingelegte Zwiebeln

Auf der Halbinsel Yucatán serviert man dieses Relish zu Puerco pibil (siehe Seite 120), das auf der Speisekarte des *Wahaca* einen unangefochtenen Spitzenplatz hält. Die in frisch gepresstem Limetten- und Orangensaft mit einer Habanero marinierten roten Zwiebeln nehmen eine grellrosa Farbe an, die man in der Küche Yucatáns sehr effektvoll einzusetzen weiß. Probieren Sie das Relish zu Grillhähnchen und gebackenen schwarzen Bohnen.

Ergibt 2 kleine Schüsseln
Zubereitung: 10 Minuten + 2 Stunden Kühlzeit

2 rote Zwiebeln, in dünne Streifen geschnitten
Saft von 2 Limetten
Saft von 1 Orange
1 Habanero- oder Scotch-Bonnet-Chili, sehr fein gehackt
Meersalz und frisch gemahlener schwarzer Pfeffer
gehacktes Koriandergrün zum Servieren

Die Zwiebelstreifen mit kochendem Wasser bedecken und 10 Sekunden einweichen. Abgießen und in eine Schüssel geben. Limettensaft, Orangensaft und gehackte Chili hinzufügen (nur die halbe Schote verwenden, wenn es nicht so scharf werden soll).

Abschmecken und die Chili mit den Händen in der Marinade zerdrücken. (Hinterher gründlichst die Hände waschen, da der scharfe Saft der Habanero die Schleimhäute reizt!) Das Relish abdecken und für mindestens 2 Stunden in den Kühlschrank stellen.

Das Relish unmittelbar vor dem Servieren mit gehacktem Koriander bestreuen. Es hält sich im Kühlschrank mehrere Tage.

Frische Tomaten-Salsa

Diese Salsa schmeckt frisch und leicht feurig und ist ungemein vielseitig verwendbar. Bereiten Sie sie im Sommer zu, wenn die Tomaten wirklich reif sind, und bewahren Sie sie ungekühlt auf, damit ihre natürliche Fruchtigkeit erhalten bleibt. Nehmen Sie Ihr bestes Olivenöl für einen feinen Geschmack oder auch Sonnenblumenöl, wenn es absolut authentisch schmecken soll.

Ergibt 2 Schüsseln
Zubereitung: 15 Minuten + 20 Minuten Ruhezeit

5–6 reife Eiertomaten
1 kleine Handvoll Korianderblätter, grob gehackt
1 kleine rote Zwiebel, sehr klein gewürfelt
2 Jalapeño-Chilis, sehr fein gehackt
1 EL natives Olivenöl extra oder Sonnenblumenöl
Saft von 1–2 Limetten
1 EL Meersalz und frisch gemahlener schwarzer Pfeffer
1 TL brauner Zucker

Die Tomaten vierteln und die Samen entfernen (sie würden die Salsa wässrig machen; man kann sie für eine Tomatensauce aufbewahren). Das Fruchtfleisch würfeln und in einer Schüssel mit Korianderblättern, Zwiebel, Chilis, Öl, der Hälfte des Limettensafts, Salz und Pfeffer sowie Zucker verrühren. Probieren und falls nötig mit mehr Salz, Pfeffer und Limettensaft nachwürzen. Die Salsa vor dem Servieren mindestens 20 Minuten durchziehen lassen.

Diese Salsa schmeckt zu fast allem: zu schwarzen Bohnen, Steaks vom Grill oder Hühnchen, aber auch als Vorspeisendip mit Totopos (siehe Seite 45).

Salsa aus gerösteten Tomaten

Eine einfache und leicht zuzubereitende Salsa, wie man sie in Mexiko auf den Tischen in nahezu jeder Cantina findet. Sobald Sie den Dreh heraushaben, wie man Gemüse in der trockenen Grillpfanne röstet, können Sie mit unterschiedlichen Chilis experimentieren und herausfinden, welchen Geschmack und welchen Schärfegrad Sie mögen. Ich hoffe, Sie haben Spaß dabei und bringen niemanden mit allzu brutaler Schärfe um!

Ergibt 2 Schüsseln
Zubereitung: 25 Minuten

3 Eiertomaten
1 kleine Zwiebel, in Spalten geschnitten
1 große Jalapeño- oder grüne Chilischote
3 Knoblauchzehen, ungeschält
1 Handvoll Koriandergrün, gehackt
Saft von ½ Limette
Meersalz

Tomaten, Zwiebel, Chili und Knoblauch wie auf Seite 211 beschrieben trocken rösten. Den Knoblauch schälen, die Gemüse in den Mixer geben und pürieren. In eine Schüssel füllen und Koriander und Limettensaft einrühren. Mit Salz abschmecken – es geht hier darum, die Süße der Tomaten und die Säure der Limetten gegeneinander auszubalancieren.

EINE VARIANTE: Wenn die Salsa wunderbar rauchig werden soll, lassen Sie die grüne Chili weg und nehmen Sie stattdessen eine 15 Minuten in kochendem Wasser eingeweichte Chipotle. Sie können aber auch 1 gehäuften TL Chipotles en Adobo (siehe Seite 214) verwenden.

Richtig angebrannt

Die Mexikaner lieben es, ihr Essen anbrennen zu lassen. Nein, im Ernst! Wenn Sie frische Chilis, Tomaten, Knoblauchzehen, Zwiebel und Samen rösten, müssen Sie sie wirklich richtig ansengen, damit sie Ihren Salsas und Saucen den authentischen mexikanischen Geschmack verleihen können. Wenn nicht zumindest an den Rändern schöne dunkle Stellen zu sehen sind, haben Sie etwas falsch gemacht. Nehmen Sie Ihre älteste Pfanne, die ruhig ein bisschen schwarz werden darf, und wenn man Sie das nächste Mal dafür tadelt, dass das Essen angebrannt ist (wie alle meine Köche, als wir gerade eröffnet hatten), antworten Sie: »Nein, das muss so sein. Das ist echt mexikanisch!«

Und so geht's:

Schritt 1 Eine schwere Bratpfanne bei hoher Temperatur erhitzen und ganze Tomaten, Chilischoten und Knoblauchzehen (in der Schale, um das Fruchtfleisch zu schützen) sowie dicke geschälte Zwiebelspalten hineingeben.

Schritt 2 Während des Röstens wenden, damit alles rundherum Farbe annimmt. Tomaten brauchen etwa 15 Minuten, Zwiebeln und Chilis 10 und Knoblauch 5–10 Minuten.

Sobald die Gemüse angesengt sind, kann man sie im Mixer pürieren (Knoblauchschalen und Chilistängel vorher entfernen).

TIPP: Man kann das Gemüse natürlich auch auf einem mit Alufolie auslegten Backblech grillen. Aber ich finde, es wird nicht so gut wie mit der traditionellen Methode.

Chile-de-Arbol-Öl

Wenn Sie Chilis mögen, lieben Sie natürlich auch Chiliöl. Aromatisierte Öle sind wirklich leicht herzustellen und halten sich ewig. Ich habe zu Hause immer eine Flasche davon neben dem Herd stehen, um schnell ein Gericht aufzupeppen. Das scharfe Öl schmeckt auch großartig auf Pizza geträufelt, in Salaten, zu Kartoffelgratin, Fisch …

Ergibt 1 kleine Flasche
Zubereitung: 20 Minuten

200 ml natives Olivenöl extra
Blätter von 1 Thymianzweig
1 gute Prise getrockneter Oregano (vorzugsweise mexikanischer)
3 Lorbeerblätter
1 Knoblauchzehe
6–7 Chiles de Arbol oder 12 kleine getrocknete rote Chilischoten
Meersalz

Das Olivenöl mit Thymian, Oregano, Lorbeerblättern und Knoblauch in einen Topf geben. Die Chilis hineinzupfen und die Stiele wegwerfen. Bei mittlerer Temperatur erhitzen, bis das Öl zu sieden beginnt, dann sehr sanft sieden lassen. Die Zutaten sollen eher gemeinsam erhitzt werden als braten. Dadurch bleibt der Geschmack des Olivenöls erhalten und die Chilis können nicht verbrennen. Mit reichlich Salz würzen.

15 Minuten sieden lassen, bis die Chilis duften und der Knoblauch weich ist. Vom Herd nehmen, abkühlen lassen und die gesamte Mischung in ein luftdicht schließendes Schraubglas oder eine Flasche abfüllen.

Chipotles en Adobo

En adobo bedeutet »in einer Marinade«. Dies ist ein einfaches rauchiges, feuriges und leicht süßes Püree mit den intensiven Noten getrockneter Chipotle-Chilis. Es hält sich mehrere Monate und wird schnell zu einer unverzichtbaren Zutat für Schmorgerichte, Pastasaucen, Dressings und Mayonnaisen.

Ergibt mehrere Marmeladengläser
Zubereitung: 1 Stunde

200 g Chipotle-Chilis (etwa 65 Stück), Stiele mit der Schere abgeschnitten
1 große Gemüsezwiebel, grob gehackt
1 Knoblauchknolle, Zehen geschält und grob gehackt
3 EL frische Oreganoblätter oder einige großzügige Prisen getrockneter Oregano
1–2 EL frische Thymianblätter
2 frische Lorbeerblätter
1 TL zerstoßene Kreuzkümmelsamen
4 EL Olivenöl
350 ml Weißweinessig
50 ml Balsamessig
3 EL Tomatenmark
7 EL Demerara- oder Palmzucker
2 EL Meersalz

Die Chipotles in einem Topf mit Wasser bedecken und zum Kochen bringen. Bei reduzierter Temperatur etwa 35 Minuten köcheln, bis die Chilischoten sehr weich sind, dann abgießen und alle überschüssigen Samen abspülen.

Zwiebel, Knoblauch, Kräuter und Gewürze mit 200 ml Wasser und 6 der Chilis in den Mixer geben und zu einer glatten Paste pürieren.

Das Öl in einem großen Topf erhitzen. Die Chilipaste hineingeben und unter ständigem Rühren 3 Minuten anschwitzen, ohne dass sie sich ansetzt und verbrennt. Essig, Tomatenmark, Zucker, Salz und weitere 100 ml Wasser hinzugeben und 5 Minuten köcheln lassen, dann die restlichen Chilis hineingeben. Unter Rühren weitere 15 Minuten garen und dabei Würze und Süße kontrollieren. Ich mag meine Chipotles en Adobo etwas süßer.

Die fertigen Chipotles nach Belieben im Mixer pürieren, das erleichtert später das Abmessen. In sterilisierte Schraubgläser (siehe Seite 154) abfüllen, verschließen und beschriften. Nach dem Öffnen im Kühlschrank aufbewahren.

TIPP: Ein Glas mit selbst gemachten Chipotles in Adobo ist auch ein schönes Weihnachtsgeschenk.

Scharfe Chili-Salsa

Ich möchte vorsichtshalber darauf hinweisen, dass diese Salsa *superscharf* ist. Sie bildet einen wunderbaren Kontrapunkt zu geschmortem Fleisch und kann süchtig machen. Am besten reicht man sie in einer Schale herum, damit sich jeder selbst bedienen kann.

Ergibt 2 kleine Schüsseln
Zubereitung: 10 Minuten

40 g kleine Chiles de Arbol
4 Knoblauchzehen, ungeschält
1 TL getrockneter Oregano
1 TL Pfefferkörner
½ TL Kreuzkümmelsamen
1–2 TL Meersalz
1 TL Demerarazucker
250 ml Apfelessig oder eine Mischung aus Weißwein- und Reisessig

Eine Pfanne bei hoher Temperatur erhitzen. Die Chilis in zwei bis drei Portionen hineingeben und ganz kurz anrösten. Wenn sie zu lange rösten, brennen sie an und werden bitter. Sie sollen aber nur ein wenig Farbe annehmen und ihren Geschmack aufschließen. In einen Topf geben, knapp mit Wasser bedecken und 5 Minuten köcheln lassen.

In der Zwischenzeit die Knoblauchzehen in einer Pfanne 5 Minuten rundum schwärzen. Schälen und mit den Chilis, der Hälfte des Chilisuds, den Gewürzen und dem Zucker in den Mixer geben und bei laufendem Gerät langsam den Essig hinzugießen. Mit einer angemessenen Warnung servieren.

Die Salsa hält sich in einem sterilisierten Schraubglas (siehe Seite 154) im Kühlschrank mehrere Wochen.

Register

Kursiv gesetzte Seitenzahlen verweisen auf Abbildungen.

Aa

Bb

Cc

Hh

Ii

Jj

Kk

Ll

Mm

Nn

Oo

Pp

Qq

Rr

Ss

Tt

Vv

Ww

Yy

Zz

Dank

Ohne Mexiko würde es kein *Wahaca* geben. Jedes Mal, wenn ich wieder in dieses wunderbare Land zurückkehre, erkunde ich einen neuen Bundesstaat und lerne etwas über seine Geschichte. Ich finde neue Zutaten (besonders Chilischoten) und informiere mich über die Regionen, aus denen sie stammen. Ich esse in neuen, spannenden Restaurants bei begabten Köchen, die stolz sind auf die Vielfalt an Zutaten, die ihnen zur Verfügung stehen. Viele Köche, die nach Mexiko reisen, um etwas über die Küche zu erfahren, bleiben dort. Das Land inspiriert, fasziniert und fordert einen. Ich bin immer wieder von der Großzügigkeit und Offenheit der Menschen überwältigt, die ich dort treffe.

Ohne Mexiko würde es dieses Buch nicht geben, und genauso wenig ohne das *Wahaca*. Dieses Jahr wird unser erstes Restaurant in Covent Garden fünf Jahre alt und es waren wahrscheinlich die glücklichsten Jahre meines Lebens. Ich danke allen, die in dieser Zeit für uns gearbeitet und mit uns ihr Herzblut für unsere verrückten Pläne gegeben haben. Unsere Teams sind die Felsen, auf denen das *Wahaca* gewachsen ist, unsere Köche haben für Abertausende Gäste gekocht und unser Service hat eine freundliche, lebhafte Atmosphäre geschaffen.

Dank an Katie, Janine, Jo, Oli und Mims. Danke an Carolyn und Gavin für eure außergewöhnliche Geduld und Hingabe. Danke, Rosie, dass du mein Leben so viel einfacher und besser gemacht hast, und an Cecilia dafür, dass du Mark so glücklich machst. Und das bringt uns schließlich zu Mark Selby, den wahrscheinlich besten Geschäftspartner der Welt. Selbst wenn wir uns nicht immer sehen, haben wir immer Spaß daran, Dinge ins Laufen zu bringen – und was für einen Höllenritt wir da hingelegt haben.

Dank gebührt auch dem Verlag Hodder & Stoughton, der mit dem Redaktionsschluss für dieses Buch mehr als geduldig war. Nicky und Sarah, ihr wart beide umwerfend und habt nie das fertige Buch aus den Augen verloren und immer daran geglaubt, dass ich wirklich fertig werde. Danke an Zelda, die sich mal wieder als die beste Redakteurin der Welt erwiesen hat, und an Emma Knight für ihren überschäumenden Enthusiasmus beim Marketing.

Dank an Emma Miller für ihre ständige Bereitschaft, Rezepte zu testen, das Foodstyling, den Spaß und dafür, dass sie mir immer unter die Arme greift, wenn ich mich mal wieder übernehme. An Lisa Harrison und Malou Burger für das Styling und die Fotos, an Phil, Pete, Roly und alle bei Buro, die sich beim Design mal wieder selbst übertroffen haben – was für ein wunderschönes Buch.

Dank an alle Köche und Küchenchefs in Mexiko, durch die ich ständig lerne: Roberto Solis, Alejandro Ruiz, Enrique Olvera, Jair Tello, Margarita Carrillo, Pia Quintana, Alicia Gironella, Carmen Titita, Abigail Mendoza und Diana Kennedy. Danke an Jorge Toledo, dass er mir so viele großartige Restaurants in Mexiko-Stadt gezeigt hat, wo ich noch mehr lernen konnte.

Dank an Sam Hart, der mich damals nach Mexiko geschickt hat, und an Sam und Sophie, Jaspar, Damian und Paloma, Rawds und Alex Garcia Ponce, die mir in meiner Zeit dort und bis heute die besten Freunde waren und mich immer unterstützt haben.

Dank an Manuel Diaz Cebrian und das mexikanische Fremdenverkehrsamt, die so viele wunderbare Orte für mich in Mexiko gefunden haben, und an Daniel Dultzin für seinen grenzenlosen und ansteckenden Patriotismus. Dank an WOLF and SUB-Zero für die unfassbar tolle Küchenausstattung und an meinen genialen Vater für die Gestaltung der schönsten aller Küchen, in der ich täglich arbeiten darf. Dank an meine Familie für ihre ständige Bereitschaft, Rezepte zu testen und zu kosten, und für ihre ehrliche Kritik. Dank an Antony Topping und Claudia Young von Greene & Heaton, dass sie mich ertragen und sich so gut um mich kümmern. Der größte Dank aber gebührt meinem Ehemann Mark, dessen grenzenlose Begeisterung, Loyalität und Vertrauen mich immer stützen. Und Dank an Tatty, die einfach aus dem Nichts auftauchte und mir mehr Freude schenkt, als ich mir jemals hätte vorstellen können.

+ FROM THE MARKETS +
- OF OAXACA -
(WA - HA - CA)
MIND
BLOWINGLY
TASTY
STREET FOOD
VIBRANT
FLAVOURS TO DISCOVER
TH FRIENDS
POWER TO THE PIBIL
PLENT
FI
IN THE S
THAN
M
ALL OUR FISH IS CERTIFIED BY THE M
YOU GET THE TASTIEST FISH, FRO
A MENU FULL
VIB RA
FLAVO
TO
DISC